천지 창조의 비밀

이 책을 읽는 사람이 많으면 국운(國運)이 왕성해진다.
왜냐면 국민이 미신에서 벗어나 지혜로워지기 때문이며,
반대면 국운(國運)이 쇠약해진다.
사람에게 혼(魂)이 없으면 죽는것이요,
나라의 국혼(國魂)이 없으면 망하는 것이다.
우리나라에 과연 국혼(國魂)이 있는가?

천지창조의 비밀

1판 1쇄 펴낸날 / 2004년 9월 16일 인쇄
2판 1쇄 펴낸날 / 2011년 6월 10일 인쇄

지 은 이 | 心天主 金 宗 成
지은이 전화 | 010-2465-1357
지은이 E-mail | mandr9276@hanmail.net

펴 낸 이 | 한 해 룡
펴 낸 곳 | 한진출판사
전화 | 053 · 351 · 3137
팩스 | 053 · 351 · 1130
E-mail | hanjinad@chollian.net

등록 | 2004년 9월 8일 제 281호

값 10,000원

ⓒ 金 宗 成, 2011

◆ 이 책의 내용과 그림은 무단 복제하여 사용할수 없습니다.
◆ 잘못된 책은 바꾸어 드립니다.

인류의 상당수는 우주인에 의한 복제(複製)된
인간의 후손이라는 명확한 사실이 여기에 있다.

천지 창조의 비밀

心天主 金 宗 成

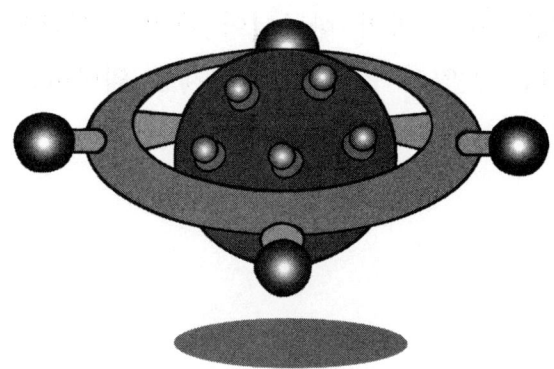

◆ 우주인 목격 기록서에 의한 해설

　부시맨이 콜라병을 하나님 선물로 알고 이를 **神主** 모시듯 하는 것처럼 우주인을 유일신으로 착각하여 이를 맹신하며 신학(**神學**)을 연구한다면 그 신학은 궤변과 비과학적 비합리적 비도덕적 부조리로 뒤범벅이 될 것이다.

창세기 2장 26절-28절에
『하나님이 가라사대 **우리의 형상을 따라 우리의 모양대로 우리가** 사람을 만들고 모든 것을 다스리게 하자 하시고 **하나님이 자기의 형상 곧 하나님의 형상대로** 사람을 창조하시되---』

　이 내용은 많은 의구심을 남기고 있다. 분명 하나님은 한 분일텐데 하나님이 우리의 형상대로 사람을 창조했다는 것은 여러 명의 하나님이 자기 모양대로 사람을 만들었다는 것인데 이는 인간 복제를 의미하는 것이 아니겠는가?

서문

　내면(內面)의 깊은 물결 속에 조용히 사색(思索)의 장(場)을 마련하고 잠시 눈을 감고 있노라면 분명 우주의 주인은 내 스스로라는 것을 느끼게 된다. 그러면서 깊이 들어가지 못할 땐 왠지 무엇인가 불안하고 불길한 생각마저 든다. 바로 깨닫지 못한 생각이다.
　깨달으면 주인이지만 깨닫지 못하면 무엇인가의 노예가 되기 때문이다. 이 무엇인가라는 것은 바로 오욕의 근원인 탐욕 즉 식욕·성욕·수면욕·재욕·명예욕 등이 꿈틀대고 있을 때 우리를 불안하게 만드는 것이다.
　이 불안한 마음이 일어날 때 밖을 향하여 무엇인가를 찾게 되고 신비의 어떤 초현실적인 그 무엇에 접하길 바라며 구원의 손길이 와 닿기 바라는 어리석음이 손을 내민다.
　문명이 발달하지 않은 미개인이 과학 문명을 보았을 때

이는 분명 눈앞에 생생이 일어나는 초현실적인 사건으로 지각(知覺)적 장애를 일으켜 그 무엇인가 절대자가 있는 것으로 착각하게 된다.

오지(奧地)의 미개한 원주민들이 비행기를 보았을 때 눈앞에 생생히 전개되는 초현실적 지각장애를 일으켜서, 이 비행물체를 하느님으로 착각하게 되는 것이다. 천지가 진동(震動)하며 떠내려갈 듯한 굉음을 내며 번개와 벼락치는 큰 새가 하늘에서 날아오고 그 번개와 벼락치는 큰 새에서 내려오는 비행사는 분명 하나님으로 착각하기에 충분한 것이다.

이 미개인은 문명인의 이해하지 못할 행동을 보고 하느님의 계시로 착각하여 기록으로 남기고 그 후손으로 하여금 믿음의 징표로 삼고 구원의 날이 오리라 생각하며 기도를 한다면 참으로 웃지 않을 수 없는 코미디에 불과한 것이 아니겠는가?

〈부시맨〉이라는 영화가 나왔을 때, 하늘에서 경비행기의 조종사가 마시다 버린 콜라병을 부시맨은 하느님의 선물이라고 들고 다닐 때, 부시맨에게는 분명 하나님께서 주신 신기한 선물이 될 수 있으나 문명인에게는 하나의 쓰레기에 지나지 않는다.

우리의 고정된 관념과 습관이 엄청난 오류를 범하고 인류의 마음을 병들게 하고 있다는 사실을 조금이라도 생각해 보았는가?

기독교의 성경 창세기 1장 1-2절에 보면
『태초에 하나님이 천지를 창조하시니라. 땅이 혼돈하고 공허하며 흑암(黑暗)이 깊음 위에 있고 **하나님의 신(spirit of God)은 수면(水面)에서 운행하시니라.**』라고 되어 있다. 이 말이 과연 옳은 것인가?

고정된 관념과 훈습(熏習)에는 의심스러운 일이 있어도 그냥 묻어 두고 지나치는 습관으로 자리잡는 것이 많은 사람들의 큰 병폐이다.

천지창조의 가장 큰 모순이 바로 책의 첫머리에 있는데도 신성불가침(神聖不可侵)이라는 요상한 말을 만들어 이치에 맞지도 않는 소리로 지껄여도 그냥 덮어두고 지나간다.

땅이 혼돈하다는 것은 허공과 뒤섞여 아무것도 분별할 수 없다는 것이고 흑암이 깊다는 것은 컴컴하여 분별할 수 없다는 것이다. 아무것도 없고 컴컴한데서 **하나님의 신(神)이 물표면(水面)에서 운행(運行)**했다는 것은 이해를 쉽게 한다면 물 위에 다녔다는 이야기이다. 그러면 땅이 있기도 전에 물이 어디에 있었기에 물에서 운행을 했다는 것인가?

이것은 물이 있었기 때문에 운행을 했다는 이야기인데 물이 먼저인가 하나님의 신이 먼저인가? 문맥으로 본다면 하나님의 신(神)보다는 물이 먼저이며 땅보다는 훨씬 먼저이다. 왜 이런 말도 안 되는 발상이 나왔는가? 창세기의 저자는 분명 초현실적 과학 문명을 부시맨 같이 보고 놀라서 쓴 것이 확실하다.

 인류가 달에 착륙하기 전까지만 해도 그야말로 성경은 살아 계신 하나님의 전지전능한 능력자로서 무섭고 두렵고 생동감이 넘치는 하나님이었다. **그러나 과학이 발달하면서 그 살아 움직이는 생동감 넘치는 하나님은 잔인한 문명인 이였다는 사실이 이 책에서 명확히 밝혀지고 있다.**

 앞으로 전개되는 내용을 눈여겨본다면 조금도 부인할 수 없는 확실한 증거가 성경 속에 있다. 성경을 두 가지 측면에서 본다면 긍적과 부정이다.

※ 기독교 성경만큼 정확하게 하나님을 목격한 기록서는 없다.

 UFO 목격 기록서로 본다면 세계에서 가장 방대하고 가장 정확한 목격 기록서의 책이며, 다른 측면에서 논리적으로 본다면 가장 큰 엉터리인 책이다.

 혹자는 이 책을 읽기 전에 미친 소리라고 일관하며 책을 읽지도 않고 덮으며 성질부터 내는 사람이 있는가 하면 온갖 욕설로 지옥에 간다고 저주부터 하는 사람이 있다.

 얼빠진 사람 중에 책을 읽어보지도 않은 꽤나 유식한 척 하는 사람이 있다. 특히 이런 얼빠진 사람이 남의 종교를 비방한다고, 종교는 같은 것이라고, 진리는 하나라고 그럴 듯하게 말을 하며 점잖을 빼는 사람이다. 그야말로 정신 차릴 사람이 아닐까? 하여간 누가 정신을 차려야 할 지 읽어보고 판단하기 바란다.

성경이 세계에서 가장 많이 팔리고 가장 많이 읽힌 책이라고 해서 옳은 것은 아니다. 인간의 다수는 지혜롭기 보다는 어리석음이 더 많다는 사실이 입증된 것이 아니 겠는가?
 신앙적 체험 즉 신비의 체험을 했다고 해서 꼭 하느님이 있는 것은 아니다. 신앙적 체험이 아니더라도 그 보다 월등한 체험들은 부지기수로 많다. 설령 신앙적 신비의 불가사의한 체험을 했더라도 그것이 꼭 여호와 하나님의 권능이 라고 할 수는 없는 것이다. 정말로 신비의 체험을 했다면 무당들도 할 수 있는 것이고 더 초월적인 명상체험도 있다. 좀더 신비한 체험을 했다면 그것은 정말로 말하는 동양의 하느님들이라고 한다면 무엇이라고 생각할 것인가?
 성경은 뜻이 심오해서 해석이 불가능하다느니 오묘하다든지 하는 식으로 해석을 기피한다면 아예 읽지 않는 것이 속편 하다,
 저자 심천주란 마음이 곧 하느님이라는 뜻이다.

저자 心天主·金宗成

성내는 마음이 지옥이요
탐내는 마음이 배고픈 귀신이요
어리석은 마음이 축생이요
헛깨비 마음이 조물주요
깨달은 마음은 무엇일까?

목차

1. 우주의 신비   15
2. 창세기의 천지 창조   25
   - ㉠ 천지창조의 첫째 날
   - ㉡ 천지창조의 둘째 날
   - ㉢ 천지창조의 셋째 날
   - ㉣ 천지창조의 넷째 날

   〈뿔에 맞아 떨어지는 별〉
   - ㉤ 천지창조의 다섯째 날

   〈하나님의 형상대로 인간을 창조함〉
   - ㉥ 천지창조의 여섯째 날
3. 허공과 마음과 신성(神性)   48
4. 영원히 없어지지 않는 것   52
5. 하나님 여호와의 영광의 형상의 모양   57
6. 여러 명의 하나님과 그룹의 정체   64
7. 카르고 비행단의 전설   74
8. 외계에는 다른 생명의 존재하는가?   77
9. 가인이 동생 아벨을 죽이다   84
10. 1,000살 가까이 사는 사람들   87
11. 장가드는 하나님의 아들들   93
12. 한탄하고 근심하는 하나님   96

목차

13. 완전한 의인(義人) 노아	98
14. 여호와 하나님의 약속	100
15. 노아의 저주	102
16. 소돔과 고모라의 심판	104
17. 하느님의 뜻	116
18. 하느님의 역할	120
19. 모세와 하나님의 만남	123
20. 모세의 기적	125
21. 만군(萬軍)의 여호와	130
22. 살육하는 기계	134
23. 인간도 제물일 땐 죽여라	136
24. 이스라엘의 하나님	139
25. 자식을 잡아먹게 하리라	141
26. 병신이 육갑하는 세상	144
27. 원죄(原罪)와 연좌죄(連坐罪)	147
28. 영원한 사기꾼	157
29. 신약성서의 편찬과정	161
30. 갑작스런 전도와 복음서의 편찬	163
31. 우주여행을 하는 사도 바울	171
32. 성령잉태는 인공수정이나 복제이다	177

목차

33. 예수의 출생과 성령잉태	180
34. 예수의 족보	188
35. 예수의 출생과 성장	191
36. 인도에서의 예수 생활	196
37. 예수의 유언	200
38. 병 고치는 예수	205
39. 인간세계 전의 세계	207
40. 지구의 나이	211
41. 물질의 성주괴공(成住壞空)	214
42. 악마를 믿는 종교	221
43. 지성여신(至誠如神)	224
44. 교회가 사회에 끼친영향	229
45. 신앙은 마약의 독보다 무섭다	233
46. 예수의 부활	252
47. 종교를 선택하는 방법과 기준	264
끝맺는 말	

망상은 집착에서 생기는 것이니
집착하면 행위가 밝지 못하고
집착하면 인과에 밝지 못하고
집착하면 막혀서 밝지 못하고
인과에 밝지 못함이 어리석음이요
행위에 밝지 못함이 어리석음이요
집착하여 밝지 못함이 어리석음이다

1 우주의 신비

 세상의 모든 것은 상대적이다. 모든 것은 홀로 존재하는 것은 하나도 없다. 존재한다는 자체는 공존하는 것이다. 홀로 존재하는 것이 있고 대상이 끊어진 것이 있다면 이 것을 절대(絕對)라고 한다.
 우리가 존재하며 의식하는 세계를 우주라고 한다. 우주 는 광활한 공간이 아니며 텅빈 공간이 아니며 항상 존재 하는 것이 아니다. 우주란 시간과 공간을 말하는 것이다. 시간(時間) 왈 우(宇)요, 공간(空間) 왈 주(宙)라 한다.
 시간과 공간이란 바로 상대이며 변화의 연속인 것이다. 시간이란 변화의 척도이며 공간이란 변화를 일으키는 장

(場)이다. 그래서 영원히 같은 모양으로 존재하는 것은 없다. 천당도 지옥도 온 세계도 이와 같은 것이다.

그러면 우리가 살고 있는 지구는 과연 무엇이며 언제 생겼으며 언제 없어질 것인가? 또한 지금은 어느 공간에 어느 시대에 존재하고 있는가?

우리 은하는 태양계, 성단, 성운, 별 등을 포함하고 있는 거대한 천체이다. 우리 은하의 크기로는 직경이 약 10만 광년이고, 중심부 두께는 1만 5천광년 쯤이며 우리의 태양과 같은 별을 약 4,000억개 정도 있다고 한다. 우리 은하를 옆에서 보면 중심부가 볼록한 원반 모양이다.

옛날에 특히 기독교에서는 우리가 사는 지구가 우주의 중심이며 태양과 달과 별들이 지구를 중심으로 도는 것으로 설명하고 있었다. 그러나 현대의 과학은 우리의 태양은 우주의 많은 은하계 중에 한 구석에 있는 작은 은하계의 변두리에 있는 조그마한 별에 지나지 않는다고 한다.

옆에서 본 은하계 모습

우리가 살고 있는 지구는 태양을 중심으로 한 아홉개의 혹성중에 태양에서 세 번째로 태양을 돌고 있는 작은 별에 속한다. 우리가 살고 있는 태양계는 은하계의 중심부에서 약 3만광년 떨어진 변두리에서 돌고 있는 것이다.

지구가 태양을 한바퀴 도는데 지구의 시간으로 일년(365일)이 걸리고 태양계가 은하를 한바퀴 도는데 2억 5천만년 걸린다고 현대 과학에서 말하고 있다.

우주의 뜻은 한자로 우주(宇宙)이며, 영어로는 코스모스(Cosmos) 스페이스(Space) 유니버스(Universe)라고 표현한다. 코스모스는 질서를 의미하며 스페이스는 공간을, 유니버스는 종합, 모든 물질을 이야기 하는 뜻이 함축되어 있다. 한문의 우(宇)는 우리가 사는 집을 말하는 집을 뜻하는 글자요. 주(宙) 역시 집을 뜻하는 글자이다. 즉 우주란 우리가 사는 시간과 공간을 의미하는 것이다.

저 넓은 별들의 세계가 바로 생명이 사는 곳이라는 뜻이다. 불경에 보면 성라항사(星羅恒沙)가 중생소거(衆生所居)라고 하였다. 갠지스강의 모래알 같이 많은 별들이 중생이 사는 곳이라는 것이다.

다음 글은 인터넷의 한 구절이다.

『외계인은 있다고 할 수도, 없다고 할 수도 없습니다. 왜냐하면 아직 우리의 과학 기술로는 외계인의 존재 여부를 판단할 수 없기 때문이죠.

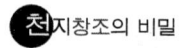지창조의 비밀

　그런데 처음 제 홈페이지 메인에서도 봤드시 영화 콘텍트에서 이 우주에 우리만 살고 있다면 엄청난 공간낭비다.
　이렇듯이 만약 우주에 우리만 살고 있다면 그 넓은 공간이 모두 무의미해 지겠죠 ..
　또 천문학 여행이라는 책에서는 맥주병이 1억개 있다고 하면 그중에서 딱 1개를 뽑았을 때 맥주가 들어있다면 나머지 9999만 9999개의 맥주병이 모두 빈 병이라면 믿을 수 있겠는가? 이런 말이 나왔습니다. **상식적으로나 확률적으로 결론을 내리면 외계인은 반드시 있다고 봐야합니다.** 아니 있어야 하겠죠. 이 넓은 우주에는 우리 지구 같은 조건을 가진 행성이 수도 없이 많을겁니다. 그래서 나사에서는 이미 외계인들 탐사에 나섰다고 합니다. 그리고 우리 태양계 외곽 행성들을 탐색하기 위해 보낸 로켓 보이저 로켓에는 외계 문명에게 보내는 우리 지구인의 인사를 부착 하였다고 합니다. 보이저호에 붙어있는 지구인의 인사 그러면 만약 외계인이 있다면 우리보다 더욱 더 발전된 문명이거나 아니면 아주 뒤떨어진 하급 생물일 수도 있습니다.
　그런데 만약 발달된 외계인이라면 우리를 하급 생물 취급을 할 수도 -ㅁ-; 그리고 화성에도 외계인들이 있지 않을까 하는 호기심으로 화성을 탐사했지만 아직 외계인이 있다는 증거는 없다고 합니다. 그래서 아직 태양계에

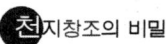

는 생명체가 우리밖에 없다고 하고, 우리 태양계 밖에 행성들중에서 외계인들이 있을 것으로 예상됩니다.

아직 우리 지구는 외계인들에 대해서 하나도 아는 바가 없지만 우리는 언젠가는 우리와 같은 생명체를 찾아서 문화도 교환하고 과학지식도 교환할 날이 언젠가는 올 것입니다.

마지막으로... 우리 우주에는 생명체가 우리만 있는게 아닙니다. 우리 우주 아니 모든 세상은 서로 공존하며 살아가는 것입니다 그걸 명심하시길... -건희- -_-;」

로즈웰(Roswell) 사건

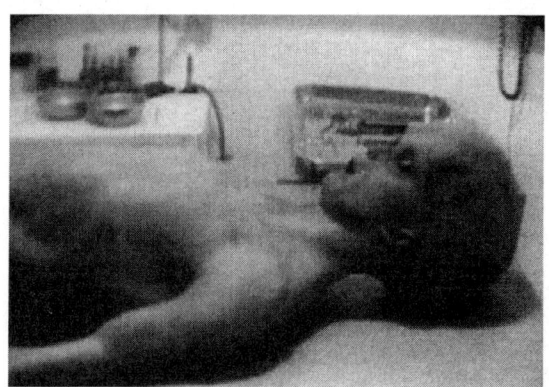

미 공군 정보당국에 정식으로 보고된 UFO 추락사고는 현재까지 무려 50건이 넘는다고 한다. 이에 관한 언론의 질문에 대해 공군에서는 「기상관측용 기구」, 「폭격 훈련」,

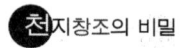지창조의 비밀

「원격조정 글라이더」 등으로 해명해 왔으나, 1947년 7월 8일 뉴멕시코 주 로즈웰에서 있었던 UFO 추락사고는 생생한 기록으로 남겨져 있으며 많은 목격자들과 당시 이에 관여했던 공군 정보요원들이 이를 시인하고 있다.

1947년 추락사고 당시에는 군의 사건 은폐에 의하여 별로 주목을 받지 못했었고 일부 목격자들의 증언도 정부에 의하여 보도가 통제되었다. 이 사실이 일부 언론에 보도되는데 결정적인 1984년 어느 TV방송국 프로듀서가 모종의 채널을 통해 MJ-12의 극비문서를 입수하고부터이다. (1995년에 2구의 외계인 시체를 해부하는 장면을 담은 필름이 공개되었다.) 이 1급 비밀 문서에는 1952년 11월 18일로 작성일자가 기입되어 있으며 당시 대통령 당선자인 투루먼에게 브리핑용으로 준비된 것으로서 로즈웰 사건의 전모가 요약되어 있다.

로즈웰 주민들이 밝게 빛나는 접시 모양의 비행체를 처음 목격한 것은 1947년 7월 8일 저녁 황혼이 지기 직전이었다. 비행접시가 로즈웰 상공을 가로질러 북서쪽으로 사라지는 것을 약 1분간 바라보던 주민들은 이어서 사막 저편에서 섬광과 함께 큰 폭발음이

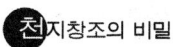

울려오는 것을 들었다. 이미 날도 저물고 거리도 너무 멀고 해서 주민들은 그저 근처에 위치한 육군 항공대의 훈련이려니 하고 저녁식사를 계속 했다. 다음 날 아침, 로즈웰에서 북서쪽으로 약 120km거리에 위치한 낮은 야산을 오르던 근처 농장의 주인과 그 가족은 금속 파편이 사방에 널려 있는 것을 발견했다. 이어서 일곱 살 난 아들이 외치는 소리가 들렸다. "아빠, 저기 보세요. 꼭 비행접시가 떨어진 것 같아요." 거기서 그들은 금속 돔의 일부와 「접시」부분의 일부를 발견했다. 돔의 내부는 온통 시꺼멓게 그을렸으며, 그 속에서 그들은 형태를 거의 알아볼 수 없을 정도로 타버린, 인간과 비슷한 모습의 시체 1구를 발견했다. 약 30분간 그 근처를 뒤지던 그들은 얼마 떨어지지 않은 덤불 속에서 거의 완전한 형태의 「외계인」사체를 발견했다.

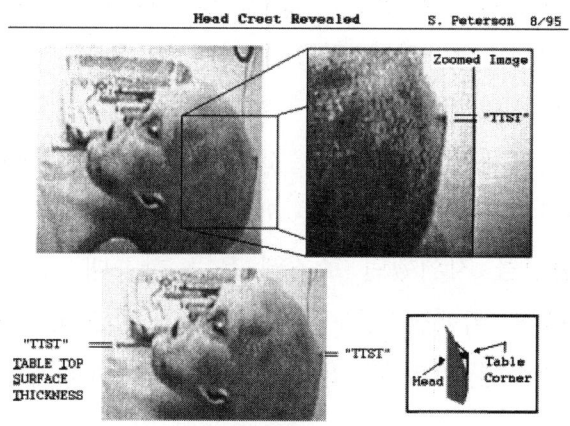

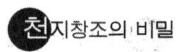

　이들은 당시를 이렇게 회고했다. 아마도 공중폭발시 튕겨나온 것 같았다. 사람처럼 생기기는 했는데 분명히 사람은 아니었다. 머리가 둥그스름했으며 머리카락은 전혀 없었다. 눈은 인간보다 비정상적으로 컸으며 눈과 눈사이가 사람보다 짧았다. 몸통에 비해 머리가 우스꽝스럽게 컸고 키는 150cm가 채 못 돼 보였다. 아래위가 붙은 옷을 입고 있었는데 회색으로 기억된다. 지퍼나 단추, 벨트 같은 것은 전혀 없었다. 눈은 뜨고 있는 것 같았고 입술이 없는 입이 동그랗게 열려있었다. 아들이 호기심에 시체를 건드리려고 하는 것을 황급히 막았다. 넋을 잃고 구경하고 있는데 연락을 하러 갔던 아내가 군용 트럭을 타고 언덕을 올라오고 있었다. 장교인 듯 권총을 찬 군인이 우리를 물러서도록 하고는 곧 병사들이 시체와 큰 파편 주위에 말뚝을 박고 밧줄을 둘렀다. 얼마 안 있어 경찰이 도착했으나 아까의 장교와 짧게 몇 마디를 나누고는 바로 돌아갔다. 커다란 트럭들이 사방을 누비며 언덕을 들락날락하고 있었다. 장교는 우리에게 오늘 일은 절대 다른 사람들에게 발설하지 말 것이며 그것이 곧 우리의 애국적인 의무임을 강조하고는 하산을 종용했다.
　당시 현장을 지휘했던 로즈웰 육군 항공대 기지 소속의 제 509폭격 비행단 정보장교 제시 마셀(Jesse Marcel) 소령에 의하면 파편은 그일대 반경 약 1마일에 걸쳐 발견되었으며 그가 전혀 본 적이 없는 재질이었다고 한다.
"온갖 모양의 파편들이 다 있었다. 약 반인치 정도 굵기의 금속봉도 있었는데 전혀 알아볼 수 없는 글자 같은 것이 씌어 있었다. 마치 발사나무처럼 가벼웠는데 탄력은 있었지만 아무리 구부려도 부러지거나 변형되지 않았다. 불을 붙여 보았지만 타지도 않았다." 후에 마셀 소령은 상부의 명령으로 파편과 시체를 오하이오 주 데이튼에 위치한 라이트 비행장 (현재의 라이트-패터슨 공군기지)으로 B-29를 이용하여 수송했다. 공군은 기상관측용 기구가 추락한 것으로 성명을 발표하고 얼마 후 마셀 소령은 중령으로 진급, 다른 부대로 전속되었다.

앞에서 언급했던 MJ-12의 보고서에 따르면 미 공군은 로즈웰 현장에서 2구의 시체를 더 발견했다. 이들은 외계인들이 외형은 인간처럼 생겼으나 여러 가지 검사 결과 생물학적·진화론적으로 볼 때 호모 사피엔스(Homo Sapiens)와는 전혀 다른 진화 과정을 거친 것으로 분석하고 있다. 이들의 근거지에 대하여는 MJ-12도 쉽게 결론을 내리지 못해서 막연하게 태양계 외부에서 온 것으로 유추했다. 한 가지 재미있는 것은 MJ-12의 쟁쟁한 과학자들도 이 UFO가 도대체 어떤 원리로 비행하는지에 대하여는 전혀 짐작도 못했다는 점이다. 그들은 어떠한 형태의 날개나 엔진, 프로펠러, 혹은 유도장치도 발견하

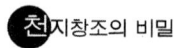

지 못했기 때문이다. 이들은 동력 추진장치나 전자 제어 장치가 폭발시 완전히 연소되거나 파괴된 것으로 추정하고 있다.

> 소가 물을 마시면 우유가 되고
> 뱀이 물을 마시면 독을 이루니
> 지혜를 배우면 도(道)를 이루고
> 어리석음을 배우면 종말을 이룬다.

2 창세기의 천지창조

창세기 1장 1절-31절
1절. 태초(太初)에 하나님이 천지를 창조하시니라.

이 이야기는 태초에 하나님이 하늘과 땅을 만들었다는 개요이다.

도가(道家)와 유가(儒家)에서는 천지 생성을 다음과 같이 구분하고 있다. 태역(太易) 태시(太始) 태초(太初) 태소(太素)의 네 가지 과정으로 생성한다고 생각한다.

태역은 氣가 모이기 이전으로 완전한 허공과 같은 상태.
태시는 만물을 이룰 수 있는 기가 유동하여 모이기 시작.
태초는 형태를 드러내기 시작한 상태

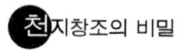 천지창조의 비밀

태소는 질(質)의 시작으로 형태를 갖춘 상태.

2절. 땅이 혼돈(混沌)하고 공허(空虛)하며 흑암(黑暗)이 깊음 위에 있고 **하나님의 신은 수면(水面)에서** 운행하시니라.

이 이야기는 천지가 창조되기 전의 상황을 설명한 것이다. 여기서부터 가장 큰 모순이 전개된다. 땅이 혼돈하고 공허하다는 것은 하늘과 땅을 구분할 수 없는 텅 비어있는 상태이다. 그런데 **하나님의 신(spirit of God)이 수면(水面) 곧 물 표면**에서 운행했다는 것이다. 하나님 자체가 신(神)일텐데 하나님의 신이란 무엇을 의미하는가?
 그 하나님의 신이 왜 천지가 창조되기도 전에 물 표면에서 운행을 했을까? 땅이 창조되기 전에 물은 어디에 고여 있었을까? 그러면 하나님의 신이 물 위에서 수영과 같은 운행(運行)을 하였다면 물이 먼저인가? 하나님이 먼저인가? 글의 문맥상으로 본다면 틀림없이 하나님보다는 물이 먼저이다. 물이 먼저라면 천지창조라는 것은 미개인의 무지(無知)에서 나온 넋두리에 지나지 않는다.
 앞으로 이 책을 계속 읽다보면 여호와 하나님은 틀림없는 UFO이며 성경은 방대한 UFO의 목격 기록서라는 것을 정확하고 확실하게 믿게 될 것이다. 그렇지 않으면 하나님이 진노하고 씨를 말리는 징벌의 심판으로 인간들을 죽음의 도가니로 몰아 넣는 그야말로 해석이 불가능한

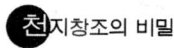

하나님의 심오한 뜻이 담겨 있는 것일까?

남의 종교를 비방하면 안 된다고 거드름을 피우는 사람이 있다. 종교에 있어서 내 종교 네 종교가 어디에 있는가? 누구나 종교를 자유로이 선택할 수 있는 권리와 비판의 권리는 있는 것이 아닌가?

기독교의 성경은 기독교인만이 읽어야하고 불경은 불교인만이 읽어야 되는 것인가? 무종교 인이나 타종교인이 읽어서 공감대를 이루고 감복(感服)했을 때 종교의 선택이 되는 것이며 그렇지 않을 때는 거기에 합당한 해답이 주어져야 할 것이다.

귀신 이야기나 신앙과 종교 이야기라면 고개를 절로 숙이며 신성시하거나 경외하여 무조건 믿으며 푹 빠지는 것은 옳지 않은 일이다.

이제부터는 이성(理性)과 지성(知性)으로 살펴야 할 때가 아닌가? 누가 종교를 비방하고 누가 진리를 왜곡했는가?

UFO를 하나님으로 알고 믿으며 괴변을 진리라고 한다면 이것이야말로 참다운 종교를 비방하는 것이요 참다운 진리를 왜곡하는 무서운 독이 될 것이 아닌가?

종교를 비방한다고 떼거지로 몰려다니며 벌떼 일 듯 아우성치는 일이 있을 때, 과연 누구를 위한 아우성인가? 진정 하느님을 위한 아우성인가? 아니면 자기들의 무지를 내세우는 아우성인가? 아니면 집단이익(利益)을 위한

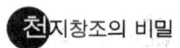천지창조의 비밀

아우성인가?

지금부터 약 6천년 전에 UFO가 지구에 불시착하여 캄캄한 밤중에 물 위에서 운행을 했다면 이 목격자들은 무엇이라고 구전(口傳)했겠으며 후세 사람들은 무엇이라고 기록하였을까?

바로 "흑암(어둠)이 깊음 위에 있고 하나님의 신이 수면에서 운행했다고 하지 않았을까?"

기독교의 창세기 역사는 성서 백과사전에 의할 것 같으면 정확하게 BC 4,026년이다. 즉 BC 4026년에 천지를 창조했다는 이야기이다. 지구의 신석기와 청동기 시대에 하늘을 나는 빛나는 원반의 둥근 비행 물체가 물위에서 운행을 했다면 무엇이라고 했을까? 바로 **하나님의 신이 수면에서 운행했다고** 하지 않았을까.

㉠ 천지창조의 **첫째 날**

> 3. 하나님이 가라사대 빛이 있으라 하시매 빛이 있었고 4. 그 빛이 하나님의 보시기에 좋았더라 하나님이 빛과 어둠을 나누사
> 5. 빛을 낮이라 칭하시고 어두움을 밤이라 칭하시니라 저녁이 되며 아침이 되니 이는 **첫째 날**이니라.

이 이야기는 천지창조의 첫째 날이라고 하는 뜻이다. 해와 달이 창조되기 이전이니까 무엇을 기준으로 첫째 날

이라 하였는지 모를 일이다. **해와 달과 별은 넷째 날**에 창조되는 것으로(14-19절) 되어 있다. 뒤에 설명한 둘째 셋째 날의 창조도 역시 해와 달과 별이 나오기 전으로, 날짜의 구분이 될 수 없음에도 불구하고 날짜를 구분하고 있는 것이다.

 그러나 무엇인가의 빛나는 물체를 보았을 때, 이 빛나는 원반의 물체는 미개인이 보았을 때는 태양보다도 먼저이고 달보다도 먼저일 것이라고 생각하기에 의심의 여지가 없다고 본다.

 이 빛나는 둥근 원반(UFO?)을 미개인이 보았을 때 살아 움직이는 하나님이며 빛이며 생명이라고 생각하기에 충분했을 것이다.

 나는 방안에서 사람들에게 가끔 이런 질문을 한다. 밝게 빛나는 형광등을 보며 「형광등과 태양과 어느 것이 더 밝으냐? 직관으로 말하시오」한다.

 언뜻 듣기에는 말도 안 되는 소리 같이 들릴지 모른다. 모두가 이구동성으로 태양이 밝다고 한다. 나는 다시 질문을 한다. 「당신은 지금 태양을 보고 있소, 태양이 보이지 않는데 어떻게 태양이 더 밝다고 하시오. 나는 당신들의 일상적인 상식을 묻는 것이 아니라 직관(直觀)을 묻는 것이오..」하고 물으면 눈치 빠른 사람은 형광등이 밝다고 한다.

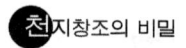

이와 같이 미개인들이 직관으로 보았을 때 어두운 밤〔흑암이 깊을 때〕에 빛나는 물체(UFO)를 보았을 때 태양보다 먼저라고 생각하기에 충분하다. 캄캄한 밤에 태양보다 빛나는 물체를 보았다면 태양이 없이도 빛을 낮이라 칭하고 어둠을 밤이라 칭한다는 발상이 나오게 마련이다.

ⓛ 천지창조의 **둘째 날**

6. 하나님이 가라사대 **물 가운데 궁창(穹蒼)이 있어 물과 물로** 나뉘게 하시니라 하시고 7. 하나님이 **궁창을 만드사 궁창 아래의 물과 궁창 위의 물로** 나뉘게 하시매 그대로 되니라 8. 하나님이 궁창을 하늘이라 칭하시니라 저녁이 되며 아침이 되니 이는 **둘째 날이니라.**

6절부터 8절까지의 내용이 천지창조의 둘째 날을 기록한 것이다. 2절에 하나님의 신이 수면에서 운행했듯이 둘째 날은 분명 물이 모든 만물보다 먼저 있었음이 틀림없고, 궁창이 무엇인지는 뚜렷하게 설명할 수 없으나 기독교인들이 말하는 **궁창은 하늘을** 뜻하는 것이다. 허공과 같은 하늘을 말하는 것이다. 그런데 **허공과 같은 하늘을, 어떻게 물 가운데에 하늘〔궁창〕이 있다는 것일까?**

이것은 커다란 돔(dome) 형식의 둥근 유리창 같은 것을 미개인이 궁창이라고 한 것이 분명하다고 볼 수 있다. 그래야만 이치에 맞는 말이다. 물을 어떻게 나누겠는가만은

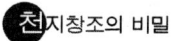

커다란 돔 형식의 유리창이 물 밖으로 나왔다면 미개한 사람들이 보기에는 물 가운데 궁창이 있어 물과 물을 나누었다고 할 수 있는 것이 아닐까?

커다란 UFO의 둥글고 빛나는 큰 유리창으로 된 물체가 물 속에서 솟아오를 때 **물 가운데 궁창이 있어 물과 물이 나뉘었다고** 할 수 있다. 유리와 같이 투명하고 허공과 구분하기 어려운 둥글고 커다란 돔(dome)을 미개인이 보았다면 하늘이라 칭하는 것은 당연한 일이 아니겠는가? 그러니 논리적으로 맞지 않고 비과학적인 이야기를 하나님의 말씀이라고 하는 것이 아니겠는가?

ⓒ **천지창조의 셋째 날**

9. 하나님이 가라사대 천하의 물을 한곳으로 모이고 뭍이 드러나라 하시매 그대로 되니라 10. 하나님이 뭍을 땅이라 칭하시고 모인 물을 바다라 칭하시니라 하나님의 보시기에 좋았더라. 11. 하나님이 가라사대 땅은 **풀과 씨 맺는 채소와 각기 종류대로 씨 가진 열매 맺는 과목**을 내라 하시매 그대로 되어 12. 땅이 풀과 각기 종류대로 씨 맺는 **채소와 각기 종류대로 씨 가진 열매 맺는 나무를** 내니 하나님의 보시기에 좋았더라 13. 저녁이 되며 아침이 되니 이는 **셋째 날이니라.**

과학적으로 모순 중에 가장 큰 모순이요. 유치원생도 웃고 갈 이야기이다. 태양과 달과 별이 창조되기 전에 초목

(草木)이 먼저 창조되었다는 이야기이다. 태양 없이도 식물이 자랄 수 있다는 것이 하나님의 능력이라면 몰라도!.. 하나님은 전지전능하니까 무엇이든 할 수 있다는 괴변을 늘어놓는다면 할 이야기가 없다.

신(神)의 이야기인 신화(神話)나 어떤 절대자가 있을 것이라는 막연한 추측은 인간의 이성(理性)과 지성을 마비시키는 묘한 힘이 있는가 보다. 조금만 관찰하여 본다면 이런 엉터리는 없을 것인데! 여기서 신학(神學)이 나왔다.

신학이란 간단히 쉽게 이야기해서 신을 연구하는 학문이다. 비하(卑下)시켜 이야기하면 귀신을 연구하는 학문이다.

그런데 신을 연구하는 학문인 신학(神學)자들이 신을 과학적으로 연구하는 심령과학(心靈科學)을 부정하는 사례가 오히려 더 많고 참다운 정신 물리학이나 심리학을 외면하고 있다.

부시맨이 콜라 병을 보고 하나님의 선물이라 하고 비행기를 하나님이 타고 온 큰 새라 하며 조종사를 하나님이라고 맹신한다면 얼마나 웃기는 이야기인가? 부시맨이 콜라병을 하나님의 선물로 알고 비행사를 하나님으로 맹신하며 신학(神學)을 연구한다면 부시맨의 사회에서는 지극히 당연한 논리가 될 수 있을지 모르나 이 신학은 연구하면 연구할수록 발전시키면 발전시킬수록 엄청난 궤

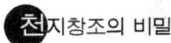 천지창조의 비밀

변과 괴리. 비합리적인 것으로 뒤범벅이 되는 것은 당연한 것이다. 정신문화의 괴질(怪疾)을 가져오는 것이다. 바로 중세의 암흑시대와 같은...!

그래서 호리유차(毫釐有差)면 천지현격(天地懸隔)이라는 것이다. 털끝만치의 차이가 나중에는 하늘과 땅 사이로 벌어진다는 것이다.

㉡ 천지창조 넷째 날

14. 하나님이 가라사대 하늘의 궁창에 광명이 있어 주야를 나뉘게 하라 또 그 **광명으로 하여 징조(徵兆)와 사시(四時)와 일자(日字)와 연한(年限)이** 이루라 15. 또 그 광명이 하늘의 궁창에 있어 땅에 비취라 하시고 (그대로 되니라) 16. 하나님이 **두 큰 광명을 만드사 큰 광명으로** 낮을 주관하게 하시고 **작은 광명으로** 밤을 주관하게 하시며 또 **별들을** 만드시고 17. 하나님이 그것들을 **하늘의 궁창에 두어 땅에 비취게** 하시며 18. 주야(晝夜)를 주관하게 하시며 빛과 어두움을 나뉘게 하시니라 하나님의 보시기에 좋더라 19. 저녁이 되고 아침이 되니 이는 **넷째 날이니라.**

대체로 천지 자연의 창조는 넷째 날로 끝을 맺는다. 태양과 달과 별들이 넷째 날에 만들어진다. 징조란 조짐이요 사시란 춘하추동이며 년한과 일자가 나오므로 해서 첫째 둘째 등의 날이 있는 것인데, 여기서는 분명히 **태양**

　이외에 태양과 같이 빛나는 그 무엇인가를 6천년 전에 미개인들이 보았다는 것이 증명된다.

　현대 과학에서는 태양보다 별이 먼저 생기고 지구보다는 태양이 먼저라는 것을 유치원생도 아는 일이다. 그러면 왜 이런 터무니없는 이야기가 전지전능하다는 하나님의 말씀이라는 성경에 나왔을까.

　단추 구멍 하나가 어긋나 꿰이면 전체가 어긋나 꿰이듯 천지창조의 순서나 내용이 틀리면 성경 전체가 틀린다는 것을 알아야 한다. 단 한가지 맞는 일이 있다면 미개인이 무엇인가 목격한 목격 기록서로 본다면 한치의 오차도 없이 맞는 글이 된다.

　자유롭게 움직이는 빛나는 물체, 즉 UFO를 보았다면 이런 발상은 쉬운 일이다. **성경에서 말하는 별은 무엇인가.**

　　다니엘서 8장 9-10절
　　「그 중 한 뿔에서 또 작은 **뿔 하나가 나서 남편과 동편과** 또 영화로운 땅을 향하여 심히 커지더니 그것이 **하늘 군대에** 미칠 만큼 **커져서** 그 군대와 **별 중에 몇을 땅에 떨어뜨리고** 그것을 짓밟고…」

천지창조의 비밀

로켓발사모습 : 뿔이 길어지는 모습

현대를 사는 문명인이라면 여기서 이야기하는 별의 정체가 무엇이지 감을 잡았을 것이며, 아직도 감을 잡지 못했다면 지능이 의심스럽다고 하지 않을 수 없다.

뿔에 맞아서 떨어지는 별, 영화로운 땅이 어디인지는 몰라도 뿔이 길어져서 하늘의 군대에 미칠 만큼 커지고 별을 떨어뜨렸다고 한다.

길어지는 뿔은 무엇일까? 미사일이라면 어떨까? 길어지는 뿔에 맞아 떨어지는 별은 무엇일까. 밤하늘에 높이 떠다니며 반짝이는 비행기는 꼭 별과 같이 보인다. 천지창조의 내용은 UFO를 주재로 한 해석이 아니면 도저히 해석할 수 없고 이해가 안 되는 이야기이다.

예수가 출생할 무렵 동방박사와 별의 이야기를 유대의

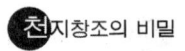 천지창조의 비밀

헤롯왕(기원73·4년)은 베들레헴의 별에 관하여 다음과 같이 기록하고 있다.

『**거대한 별이** 세 박사와 만나기 전에 이미 하늘에 나타나고 있다. 그 **별이** 지금 또 다시 하늘에서 **불길을 뿜었다.**』

◈ 불길을 뿜는 별과 뿔에 맞아 떨어지는 별은 무엇인가?

현대의 과학자들이 말하는 태양계의 나이는 150억만년이 넘는 것으로 추정하고 있다. 기독교인들의 말에 의하면 여호와 하나님은 우주를 창조하는 전지전능자이다. 이 전지전능한 하나님의 실수 중에 가장 큰 실수가 천지창조의 순서이다.

기독교의 천지창조년대는 정확하게 BC 4,026년이다. 지금부터 약 6000년전에 우주가 창조되었다는 것이다.

천지창조의 비밀

- 작품명 : The Madonna with Saint Giovannino (성자 Giovannino와 성모)
- 15세기 Domenico Ghirlandaio작
- 마리아 오른 어깨위에 원반 모양의 물체가 있다. 자세히 오른쪽 확대된 것을 보면 한 사람이 그의 개와 같이 서서 하늘에 있는 그 원반모양의 물체를 바라보고 있다.

아기예수와 성모마리아의 그림에서 보는 바와 같이 마리아 위에 떠있는 별을 확대해 보면 UFO라는 것이 증명된다.

미사일 로케트 심히 커지는 뿔

허공에 실재로 떠있는 별들은 지구보다도 몇 십 배에서

37

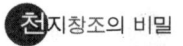

몇 백 배 큰 별들이 더 많으며 태양보다도 더 큰 별들이 훨씬 많다. 큰 것이 작은 것에 떨어진다고 하는 것은 이치는 맞지 않는 것이다. 천지를 창조했다면서 자연의 이치를 모른다면 이보다 더 큰 엉터리는 없는 것이다.

종교는 마음과 영혼이 그야말로 안식(安息)을 취하는 영원한 보금자리가 되는 것이다. 이 영혼의 영원한 보금자리가 될 수 있는 신앙이 엉터리가 될 때는 정신문화는 물론 영적인 세계의 혼란으로 인간은 피폐(疲弊)하게 되는 것이다.

태양은 무엇인가?

태양은 지구에서 평균거리 1억 4960만km에 있으나, 지구가 근일점(近日點)을 지나는 1월 초에는 이보다 250만km(평균거리의 1.7%)가 가까워지고 원일점(遠日點)을 지나는 7월 초에는 마찬가지로 250만km 더 멀어진다. 태양의 지름은 약 139만km로 **지구의 지름의 109배**, 따라서 부피는 **지구의 130만배**, 질량은 약 $2 \times 1033g$로 지구의 33만배, 평균밀도는 지구의 $1cm^3$당 5.52g에 대해서 약 1/4인 1.41g이다.

북두칠성의 이름과 크기

 북쪽하늘에 있는 큰곰자리를 이루고 있는 별들 중 α(알파)별, β(베타)별, γ(감마)별, δ(델타)별, ε(입실론)별, ζ(제타)별, η(이타)별을 이루는 별자리를 특별히 '북두칠성'이라고 한다. 북두칠성의 각각의 별에도 이름이 있는데 다음과 같다.

- ■ α별
  - 이름 : 두베(Dubhe)
  - 거리 : 123.6 ± 2.5 광년
  - 등성 : 1.81

 이 별의 이름은 아라비아어의 Thahr al Dubb al Akbar에서 온 말로 "큰곰의 등"이라는 뜻을 지니고 있습니다. 오렌지색의 이 **별은 직경이 태양의 16배이고 질량은 4배**라고 한다.

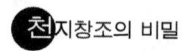

- β별
  - 이름 : 메라크(Merak)
  - 거리 : 79.4 ± 1.2
  - 등성 : 2.34

메라크(Merak)는 아라비아어의 Al Marakk에서 온 말로 "허리"라는 뜻을 지니고 있다. 하얀색의 메라크는 직경이 태양의 두 배 이상이며 **태양보다 거의 60배의 빛**을 낸다고 한다.

- γ별
  - 이름 : 페크다(Phecda)
  - 거리 : 83.7 ± 1.5
  - 등성 : 2.41

이 별의 다른 이름으로는 파드(Phad), 페크다(Phekda), 페그다(Phegda), 페크하(Phekha), 파크드(Phacd)등이 있으며 이 이름들은 아라비아어의 Al Falidh에서 온 말로 "허벅지"라는 뜻을 지니고 있다. 하얀색의 페크다(Phecda)는 직경이 태양의 **약 2.5배이며 태양보다 약 60배의 빛**을 낸다고 한다.

- δ별
  - 이름 : 메그레즈(Megrez)
  - 거리 : 81.4 ± 1.2
  - 등성 : 3.32

메그레즈(Megrez)는 아라비아어의 Al Maghrez에서 온 이름으로 "꼬리의 근원"이라는 뜻을 지니고 있다. 하얀색의 메그레즈는 **직경이 태양의 두 배이며 태양보다 약 25배의 빛**을 낸다고 한다.

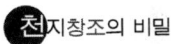

- ε별
    - 이름 : 알리오츠(Alioth)
    - 거리 : 80.9 ± 1.2
    - 등성 : 1.76

이 별은 "동쪽 양의 살찐 꼬리"라는 뜻을 지니고 있으며 직경은 **태양의 약 4배**라고 한다.

- ζ별
    - 이름 : 미자르(Mizar)
    - 거리 : 78.2 ± 1.1
    - 등성 : 2.23

이 별의 다른 이름으로는 미자트(Mizat), 미르자(Mirza)등이 있으며 아라비아어의 Mi'zar에서 온 말로 "허리띠"라는 뜻을 지니고 있다. 하얀색의 미자르(Mizar)는 **태양보다 약 63배의 빛**을 낸다고 한다.

- η별
    - 이름 : 알카이드(Alkaid)
    - 거리 : 100.69774622 ± 2.30059686
    - 등성 : 1.85

이 별의 다른 이름으로는 베네트나쉬(Benetnash), 엘케이드(Elkeid)가 있으며 이 이름들은 아라비아어의 Al Ka'id Banat al Na'ash에서 온 이름으로 "관을 끄는 딸들의 우두머리"라는 뜻을 지니고 있다. 파란색의 알카이드(Alkaid)는 **직경이 태양의 두 배이고 태양보다 약 4300배의 빛**을 낸다고 한다.

참고로 한국과 중국에서는 북두칠성 국자의 머리부터

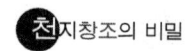 천지창조의 비밀

차례로 천추성(天樞星)·천선성(天璇星)·천기성(天璣星)·천권성(天權星)·옥형성(玉衡星)·개양성(開陽星)·요광성(搖光星)이라는 이름을 붙였다.

출 처 : [인터넷] http://www.neofeel.com

ⓓ 천지창조 다섯째 날

20. 하나님이 가라사대 물들은 **생물로 번성케** 하라 땅위 하늘의 궁창에는 새가 날으리라 하시고 21. 하나님이 큰 물고기와 물에서 번성하여 움직이는 모든 생물을 그 종류대로, 날개 있는 모든 새를 그 종류대로 창조하시니 하나님의 보시기에 좋았더라 22. 하나님이 그들에게 복을 주어 가라사대 생육하고 번성하여 여러 바다 물에 충만 하라 새들도 땅에 번성하라 하시니라 23. 저녁이 되고 아침이 되니 이는 **다섯째 날이니라.**

유치원 어린이들의 동화책을 읽는 기분이다. 다섯째 날은 수중 생물들과 공중에 나는 조류(鳥類)를 창조했다는 이야기이다. 이 물고기들과 새들은 거의가 육식이나 잡식으로서 초식(草食)생물은 드물다. 그런데 이들에게 약육강식(弱肉强食)의 복을 주어 번성케 했다는 것이다.

공포와 불안 초조(焦燥) 속에 서로 잡아먹고 잡아먹히는 생존경쟁의 치열한 싸움에서의 삶이란 지옥과 같은 고통을 극도로 맛보며 살아야하는 이들에게 어떤 복을 주었다는 것인가?

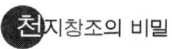

◈ 하나님의 형상대로 인간을 창조함

(ㅂ) 천지창조 **여섯째 날**

24. 하나님이 가라사대 땅은 생물을 그 종류대로 내되 육축과 기는 것과 땅의 짐승을 종류대로 내라하시고 (그대로 되니라) 25. 하나님이 땅의 짐승을 그 종류대로, 육축을 그 종류대로, 땅에 기는 모든 것을 그 종류대로 만드시니 하나님의 보시기에 좋았더라.

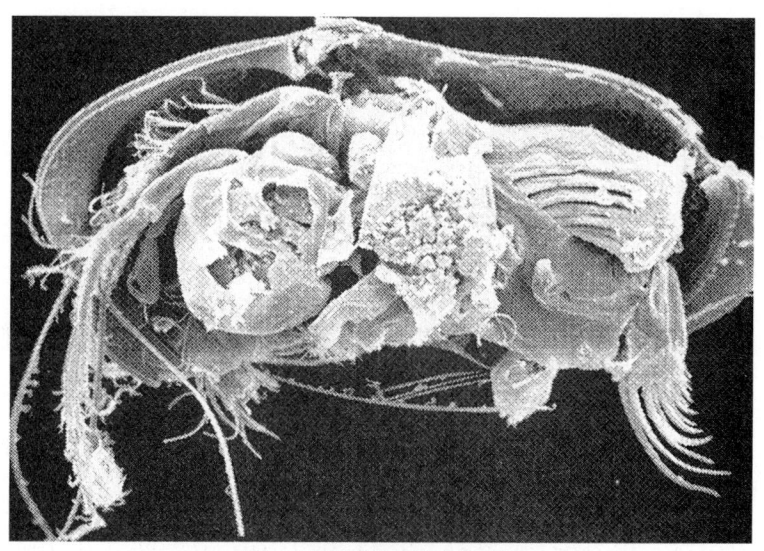

4억 2,500만년된 수컷 동물 화석

4억 2천 5백만년된 암석 속에서 발견된 역사상 가장 오래된 수컷 동물화석. 뚜렷한 수컷 생식기관을 지닌 이 고생물은 영국 연구진이 발견해 3차원 영상 기술로 재구성한 것으로 미 과학전문지 '사이언스' 최신호(5일자)에 실렸다. 이 고생물은 몸 크기에 비해 성기가 큰 특징에 따라 '수컷 성기가 큰, 헤엄치는 놀라운 생물'이라는 뜻의 그리스어인 '콜림보사톤 에크플렉티코스'로 명명됐다.

26. 하나님이 가라사대 우리의 형상을 따라 우리의 모양대로 우리가 사람을 만들고 모든 것을 다스리게 하자 하시고 27. 하나님이 **자기의 형상 곧 하나님의 형상대로** 사람을 창

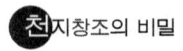지창조의 비밀

조하시되 남자와 여자를 창조하시고 28. 하나님이 그들에게 복을 주시며 그들에게 이르시되 생육하고 번성하여 땅에 충만 하라, 땅을 정복하라. 바다의 고기와 공중의 새와 땅에 움직이는 모든 **생물을 다스리라** 하시니라. 29. 하나님이 가라사대 내가 온 지면(地面)의 씨 맺는 모든 채소와 씨 가진 열매 맺는 모든 나무를 너희에게 주노니 너희 식물이 되리라. 30. 또 땅의 모든 짐승과 공중의 모든 새와 생명이 있어 땅에 기는 모든 것에게는 내가 모든 푸른 풀을 식물(食物)로 주노라 하시니 그대로 되리라 31. 하나님이 그 지으신 모든 것을 보시고 보시기에 심히 좋았더라 저녁이 되며 아침이 되니 이는 **여섯째 날**이니라.

천지창조 여섯째 날은 하늘을 나는 새와 짐승과 끝으로 사람을 창조한다.
천지창조의 전체가 논리와 철학과 과학적인 것이 배제된 상태에서 미개인이 지었다는 것을 유치원생도 알 수 있는 것이다. 모순과 괴리로 점철된 이 책이 왜 그렇게 많이 읽혔을까? 이것이 바로 전도몽상(顚倒夢想)이라는 것이다. 인간에게 가장 약한 것이 있다면 보이지 않는 귀신 이야기와 천당 지옥 이야기이다.
교인들은 하느님을 하나님이라고 부른다. 이 하나라는 절대(絶對) 유일신(唯一神)인 하나님이 몇 명인지는 모르지만 분명 26절과 27절에서 하나님 자신이 〈우리〉라

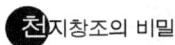

는 말로 자신들이 여러 명이라는 것을 직접적으로 표현하고 있다.

그 하나님은 우리의 형상 즉 자기 자신의 모습대로 사람을 창조했다는 것이다. 하나님의 모습은 곧 사람의 모습이며 사람의 모습이 곧 하나님의 모습이 된다.

성경은 가장 완벽한 책인 동시에 가장 모순된 책이다.

가장 완벽하다는 것은 미개인이 우주인(UFO)을 목격한 목격 기록서로서 표현한 방법이 현대인 보다 멋있고 확실하고 정확하게 표현했다는 것이요, 가장 모순된 것이란 마치 부시맨이 콜라병을 하나님의 선물이라고 평생동안 모시고 다니며 신학(神學)을 연구하는 것이다. 연구하면 연구할 수록 정말로 심신(心神)을 연구하는 참다운 심신학(心神學)과는 거리가 멀어진다는 사실이다.

참다운 신학이란 다음과 같은 것이다.

인간 심성(心性)에서 나오는 신성(神聖)의 오묘함을 연구하는 것이지 밖을 향하여 어떤 구원의 실체가 있다는 것이 아니다. 마음 이외에 밖을 향하여 찾으면 찾을수록 더욱 더 멀어지는 것이다.

불교에서 말하는 우주의 개념을 참고로 알아보자. 시간(時間) 왈(曰) 우(宇)요, 공간(空間) 왈(曰) 주(宙)이다. 우주는 시간과 공간이다. 세계(世界)란 무엇인가? 삼세(三世)와 삼계(三界)의 삼(三)을 빼면 세계(世界)가 된다.

삼세는 과거 현재 미래로서 시간이요, 삼계는 욕계(欲界) 색계(色界) 무색계(無色界)로서 공간을 의미하는 것이다. 시간은 시작과 끝이 없으며 공간이란 넓이가 없는 무한한 것이다.

적진성괴(積塵成塊)란. 극미진(極微塵)이 모이면 덩어리를 이루는 성괴(成塊)요. 성괴가 곧 대지(大地)이다. 덩어리가 깨지면 미진(微塵)이 되어 허공과 같은 것이다. 그래서 색즉시공(色卽是空) 즉 물질과 공이 같다고 하는 것이다. 세계가 모여 삼천대천세계가 되는 것이다.

작은 미립자가 모여 덩어리가 되고 덩어리가 모여 조금 큰 것이 되고 이것이 모여 더 큰 것이 되고 이렇게 점점 모여서 대지(大地)를 이루고 삼천대천세계가 이루어진다고 불경에는 되어 있다. 그래서 인연이 성숙하면 모든 중생들이 태어난다고 하였다.

생명체에도 알에서 낳는 난생(卵生), 태에서 낳는 태생(胎生), 습기에서 생기는 습생(濕生), 변화해서 생기는 화생(化生)이 있으며 이것을 사생(四生)이라 한다. 화생을 세분하면 구류(九類) 중생이 있다. 모든 생명의 총체적인 내용이다. 생명의 근원을 세부적으로 말하면 모든 것은 인연에 따라 생기고 인연에 따라 없어지는 것이다.

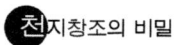

제법종연생(諸法從緣生)
모든 법은 인연 따라 생기고
제법종연멸(諸法從緣滅)
모든 법은 인연 따라 없어진다.

인(因)은 직접적인 원인이요, 연(緣)은 간접적인 원인이다. 즉 주체와 객체, 음과 양 등 상대적인 현상으로 일어나는 물질과 비물질의 변화가 인연에 의해서 생성소멸되는 것이다.

> 영혼의 영원한 안식처는
> 마음의 작용을 참답게 아는 것이다.

3 허공과 마음과 신성(神性)

 마음은 보려고 하여도 볼 수 없고, 만지려고 하여도 만질 수 없다. 왜냐하면 모양이 없기 때문이다. 마치 허공을 볼 수 없고 만질 수 없듯이,-- 허공에 모양이 없기 때문이다.
 허공에는 경계가 없다. 경계가 없다는 것은 끝이 없는 것이며, 시점도 없는 것이다. 경계가 없어 끝이 없다는 것은 크기가 없다는 것이다. 시점(始點)도 없기 때문에 크기가 없으며 작기도 또한 없다. 허공은 생기거나 없어지지 않는다. (불생불멸 : 不生不滅) 또한 늘거나 줄지도 않는다.(부증불감 : 不增不減) 더럽거나 깨끗하지도 않

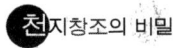

다.(불구부정 不垢不淨)

 마음도 이와 같아 마음에 경계(境界)가 없으니 크기도 없고 작기도 없다. 경계선이 없는데 안과 밖이 어디에 있겠는가? 경계가 있어야 안과 밖이 있는 것인데 경계가 없으니 안과 밖이 있을 수 없다. 그래서 마음은 허공과 같아 늘거나 줄지도 않는다. 부증불감(不增不減) 신성이란 허공에서 갖가지 물질이 생겨 작용하듯이 그 작용 자체들이 서로의 관계를 잘 유지 보완하는 것이 신성이다.

 마음이 생기거나 없어지는 것이 아니기에 태어나거나 죽는 것은 더욱 아니다. 불생불멸(不生不滅)이며, 마음은 젊거나 늙는 것이 아니기에 불소불노(不少不老)이다.

 마음에서 일어나는 신성(神性)이란 마음에서 여러 가지 생각과 번뇌와 기억의 작용이 일어나듯이 좋은 생각과 지혜를 계발하여 중생에게 유익함을 주는 것이 참다운 신성이다. 귀신 씻나락 까먹는 해괴한 이야기가 아니며 부시맨이 콜라병 연구하는 것이 아니다.

 허공이 젊어지거나 늙어지는 것이 없듯이 마음과 신성이란, 태양과 지구·달·별들이 생기기 전에 허공과 같이 있었고, 이것들이 없어진다 해도 마음은 허공과 같아 없어지지 않는다. 마음과 신성은 태양과 달 지구 별들이 생기기 전에 있었고, 이 육신이 태어나기 전에 있었으며 이 육신이 죽어 없어진 후에도 그대로 충만하게 있는 것이다.

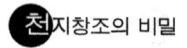천지창조의 비밀

　허공에는 경계가 없어 안과 밖이 없지만 편의상 허공 안이라고 하자, 모든 보이는 형체의 물질과 보이지 않는 물질이 모두 허공 안에, 즉 허공에 있는 것이다. 이와 같이 마음에도 안과 밖이 없어 크기와 작기가 없어 그대로 허공과 같이 충만하여 더할 수도 없고 뺄 수도 없어 모든 것이 마음 안에 즉 마음에 있는 것이다.
　마음으로 부정(不定)하면 모든 것이 부정하게 되고 마음으로 인정하면 모든 것이 인정하게 된다. 믿음도 이와 같아 어떤 사람은 믿고 어떤 사람은 믿지 않는 것이 무엇인가?
　어떤 절대의 신이 있어 우리의 마음을 주관한다면 우리는 신을 믿기 싫어도 믿어야하고 믿고 싶어도 믿을 수 없는 것이다. 그런데 현실은 그렇지 않은가 우리 마음대로 믿고 싶으면 믿고 믿기 싫으면 믿지 않는 것이 바로 마음인 것이다.
　그래서 모든 것은 마음에 있는 것이며 마음이 만드는 것이다. 어리석으면 귀신과 근거도 없는 하느님을 만들고 깨달으면 부처를 만든다.
　부처님도 하느님도 천신(天神) 수신(水神) 해신(海神) 산신(山神) 귀신(鬼神) 영혼(靈魂) 천당(天堂) 지옥(地獄)등, 온갖 것들이 마음이 만드는 것이며, 본래 마음이 청정하다는 것을 깨달아 그대로 실천에 옮기면 부처요, 거기에

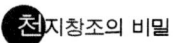 천지창조의 비밀

상(相)이 생겨 모양을 드러내고 '나'라는 생각에 집착(執着)하면 여러 가지 하느님이나 갖가지 신들을 만들어 내는 것이다.

부처님이 화낸다는 이야기 들어보았는가? 어느 하느님이 질투하고 사람을 죽이겠는가? 그러나 여호와 하나님은 질투도하고 화를 내면 땅이 진동하며 천지가 요동하듯 한다. '나'라는 생각이 들면 핏대도 내고 질투도 하고 화도 내는 법이다.

천당과 지옥이 있다면 허공 안에 즉 허공에 있겠는가 아니면 허공 밖 즉 허공이 아닌 다른 곳에 있겠는가?

마음과 허공은 무엇이 다른가, 마음과 허공 중 어느 것이 더 크거나 작을까? 허공에 크기가 없고 마음에 크기가 없으니 똑같고 늘거나 주는 것이 아니니 똑같다. 천당이나 지옥이 마음 안에 즉 마음에 있는 것이다. 마음이 청정(清淨)하고 신성(神聖)하면 천당이요 그렇지 않으면 지옥이 아니겠는가?

그래서 모든 것은 마음이 만드는 것이다. 천당도 지옥도 행복도 불행도 마음이 만든다. 책의 저자 이름이 심천주(心天主)로 되어 있는 것도 마음이 곧 하느님이라는 뜻으로 지은 것이다.

4 영원히 없어지지 않는 것.

 영원히 없어지지 않는 것이 있다면 무엇이겠는가? 생기거나 태어났다하면 반드시 없어지거나 죽는 것이다. 생긴 것은 없어지게 마련이요, 태어난 것은 반드시 죽게 마련이다. 무수히 떠있는 별들, 또는 태양과 달 지구 등은 허공으로부터 생긴 것이다. 그렇기 때문에 태양도 달도 또는 별들도 언젠가는 없어지게 마련이다.
 태양과 지구의 거리는 광속(光速)으로 8분 거리이다. 그래서 우리가 보는 태양은 8분전에 있던 것을 보는 것이요, 10억 광년 떨어진 거리의 별을 보는 것은 10억년 전의 별을 보는 것이다.

천지창조의 비밀

　우리가 보는 세계는 참다운 실상을 보는 것보다는 이미 없어지거나 지나가 버린 허상을 보는 경우가 더 많다. 10억 광년 떨어진 별이 5억년 전에 없어 졌다면 우리는 지금도 그 별이 존재하는 것으로 착각하여 헛것을 보고 있는 것이다.

　반대로 10억 광년 떨어진 곳에서 새로운 은하계가 탄생하여 존재한다면 실재 존재하는 것은 우리가 보지 못하면서 이미 없어진 것을 보며 진짜로 착각하는 것이다. 진짜로 존재하는 것은 보지 못하고 없어진 것은 있는 것으로 착각하고 있는 것이다. 바로 거리와 속도의 차이다.

　그래서 모든 움직이는 것은 무상(無常)하며, 이것이 생멸(生滅)의 법칙이다.『제행무상(諸行無常) 시생멸법(是生滅法)』허공에서 여러 가지 모양의 별들인 천체(天體)가 탄생하듯이,... 그 천체 속에 갖가지 모양과 형상의 생명들이 인연과 조건에 의하여 나온다.

　우리의 마음에 여러 가지 생각과 행동이 중생의 모습을 만들고 그 모양에 속아 얽매이고 괴로움 없는 괴로움을 당하고 즐거움 없는 즐거움을 누린다.

　허공에서 갖가지 모양들이 나오고 없어지지만 허공에 흠집이 생기거나 줄어들고 늘어나는 것이 없듯이 마음에 여러 가지 중생들이 나오지만 마음과 불성(佛性)에 때가 묻는 것은 아니다.

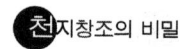
천지창조의 비밀

　허공에 갖가지 성군(星群)들이 생기고 사라지는 것이 마치 물거품 같지만, 인생의 짧은 안목으로 볼 때에는 영원한 것으로 착각하고 있다. 마음에서 일어나는 번뇌 즉 생각이 한 찰나(刹那)사이에 9백 생멸(生滅)을 한다하니 생명들이 생사를 거듭하는 것이 물거품과 무엇이 다르랴!
　허공이 영원히 없어지지 않듯이 우리의 마음은 천체(天體)가 없어지고 산산이 조각난다 하더라도 허공과 같이 우리의 마음은 없어지지는 것이 아니며 깨달음의 성품인 불성(佛性)은 영원한 것이다.
　그래서 부처님은 이와 같이 사물과 실제와 중생들을 살피라고 하였다.
　「여몽환포영(如夢幻泡影) 여로역여전(如露亦如電) 응작여시관(應作如是觀)」이라 하였다.
　「꿈과 같고 허깨비와 같고 물거품과 같고 그림자와 같고 이슬과 같고 또한 번개와 같이 살피고 보아라」
　생기면 없어지고 태어나면 죽는 것이기에 이와 같이 보라는 이야기이다. 태양과 달과 별들도 이와 같다.
　다음 창세기 2장의 내용을 읽어보자.

　　1.천지와 만물이 다 이루니라 2.하나님의 지으시던 일이 **일곱째 날이 이를 때에** 마치니 그 지으시던 일이 다하므로 **일곱째 날에 안식**하시니라. 3.하나님이 일곱째 날을 복 주사 거룩하게 하셨으니 이는 하나님이 그 창조하시며 만드시던 모든 일을 마치시고 이 날에 **안식(安息)**하셨음이더라

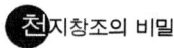 천지창조의 비밀

　천지창조 일곱째 날은 안식일(安息日)이 나온 배경이다. 안식일이란 편안히 쉰다는 날이다. 하나님이 6일간 천지와 만물과 동식물을 창조하시느라 **피곤하여 7일째 쉬었다는 것이 안식일이다**. 대체적으로 성경을 읽노라면 논리적으로 맞지 않는 내용이 많아 읽기가 지루하고 딱딱하여 도중에 책을 덮는 경우가 많다. 그래서 성경의 내용을 자세히 모르고 의심 없이 그러려니 하고 읽기 때문에 세습되어 모르고 맹신하게 되는 것이다. 이해하기 쉽거나 난해한 부분을 발췌하여 읽어보자.

　　7. 여호와 하나님이 흙으로 사람을 지으시고 생기를 그 코에 불어넣으시니 **사람이 생령(生靈)이** 된지라. 8. 여호와 하나님이 **동방의 에덴에 동산을** 창설하시고 그 지으신 사람을 거기에 두시고 9. 여호와 하나님이 그 땅에서 보기에 아름답고 먹기에 좋은 나무가 나시게 하시니 동산 가운데는 **생명나무와 선악을 알게 하는 나무도** 있더라.

　2장 7절에서는 여호와 하나님이 사람을 만드는 방법을 설명했다. 여호와 하나님의 이름이 처음 등장하는 내용이기도 하다. 하나님들은 흙으로 자신들의 형상의 모양으로 사람을 만들고 코에 생기를 불어넣었다는 것이다.
　또한 **에덴이라는** 동산을 만들고 그 위 나무에 어떤 생명을 넣는 것인지는 몰라도 **생명나무라는** 것도 심고 나무가 어떻게 선과 악을 아는지는 몰라도 선악을 알게 하

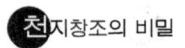

는 나무를 심었다는 것이다.

 불교에서는 중생이 생성되려면 지(地) 수(水) 화(火) 풍(風) 공(空) 식(識)의 여섯 가지 물질과 원소가 인연화합되어야 한다고 한다. 지(地)는 고체(固體)요 굳건하게 만드는 작용을 하며, 수(水)는 액체(液體)로 습기(濕氣)와 윤택함을 만들고 풍(風)은 기체(氣體)로 유동과 물질의 변화와 흐름의 작용을 하고, 화(火)는 생체(生體)로 온난(溫暖)의 기운으로 생명을 유지시키는 작용을 한다. 공(空)은 에너지의 화합작용이며 식(識)은 정신 작용인 의식(意識)을 이야기하는 것이다. 이 이론이 맞건 맞지 않건 간에 그래도 논리적이고 철학적이며 합리적이 아닌가?

 그런데 여호와 하나님은 전지전능한 능력자라서 그런지는 몰라도 흙으로만 생기를 불어넣어 만들었다는 것이다. 창조란 간단한 것이다.

 그러면 사람과 같이 생긴 여호와 하나님은 어떻게 생겼는가 알아보자.

5 하나님 여호와의 영광의 형상의 모양

에스겔서 1장 1절-28절

1. 제 삼십년 사월 오일(환산년수 BC518년)에 내가 그발강(江)가 사로잡힌 자 중에 있더니 하늘이 열리며 하나님의 **이상(異像:vision)을** 내게 보이시니 2. 여호야긴 왕 사로잡힌 지 오년 그 달 오일이라.

3. 갈대아 땅 그발 강가에서 여호와의 말씀이 부시의 아들 제사장 나 에스겔에게 특별히 임하고 여호와의 권능이 내 위에 있느니라. 4. 내가 보니 북방에서부터 **폭풍과 큰 구름이 오는데 그 속에서 불이 번쩍번쩍하여 빛이 그 사면에 비추며 그 불 가운데 '단쇠'** 같은 것이 나타나 보이고 5. 그 속에서 네 생물의 형상이 나타나는데 그 모양이 이러하니 사람의 형상이라.

6. 각각 네 얼굴과 **네 날개**가 있고 7. 그 **다리는 곧고 그 발바닥은 송아지 발바닥 같고 마광(磨光)한 구리** 같이 빛나며 8. 그 사면 날개 밑에는 각각 사람의 손이 있더라. 그 네 생물의 얼굴과 날개가 이러하니 9. 날개는 다 서로 연(連)하였으며 **행할 때에는 돌이키지** 아니하고 일제히 앞으로 곧게 행하며 10. 그 얼굴들의 모양은 넷의 앞은 사람의 얼굴이요, 넷의 우편은 사자의 얼굴이요, 넷의 좌편은 소의 얼굴이요, 넷의 뒤는 독수리의 얼굴이니. 11. 그 얼굴은 이러하며 그 날개는 들어 펴서 각기 둘씩 서로 연(連)하였고 또 둘은 몸을 가리웠으며, 12. 신(神)이 어느 편으로 가려면 그 생물들이 그대로 가되 돌이키지 아니하고 일제히 앞으로 곧게 행하며 13. 또 생물의 **모양은 숯불과 횃불 모양 같은데** 그 불이 그 생물사이에서 오르락내리락하여 그 **불은 광채**가 있고 그 가운데서 번개가 나며 14. 그 생물의 **왕래가 번개** 같이 빠르더라.

15. 내가 그 생물을 본즉 그 생물 곁 **땅위에 바퀴**가 있는데 그 네 얼굴을 따라 하나씩 있고 16. 그 바퀴의 형상과 구조는 넷이 한결 같은데 황옥(黃玉)같고 그 형상과 구조는 바퀴 안에 바퀴가 있는 것 같으며 17. 행할 때에는 사방으로 향한 대로 돌이키지 않고 행하며

18. 그 둘레는 높고 무서우며 그 네 둘레로 **돌아가면서 눈이 가득하며** 19. 생물이 행할 때는 바퀴도 그 곁에서 행하고 생물이 땅에서 들릴 때에 바퀴도 들려서 20. 어디든지 신(神)이 가려면 생물도 신이 가려하는 곳으로 가고 바퀴도 그 곁에서 들리니 이는 **생물의 신이 그 바퀴** 가운데 있음이라. 21. 저들이 행하면 이들도 행하고 저들이 그치면 이들도 그

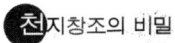

치고 저들이 땅에서 들릴 때에는 이들도 그 곁에서 들리니 이는 생물의 신이 그 바퀴 가운데 있음이더라. 22. 그 생물의 머리 위에는 **수정(水晶)같은 궁창의 형상**이 펴있어 보기에 심히 두려우며 23. 그 **궁창 밑에 생물들의 날개가** 서로 행하여 펴있는데 이 생물들은 두 날개로 몸을 가리웠고 저 생물도 두 날개로 몸을 가리웠으며

24. 생물들이 행할 때에 내가 그 날개 소리를 들은 즉 **많은 물소리**〔싸..〕와도 같으며 전능자의 음성과도 같으며 떠드는 소리 곧 군대의 소리와도 같더니 그 생물이 설 때에 그 날개를 드리우니라. 25. **그 머리 위에 있는 궁창 위에서부터** 음성이 나더라 그 생물이 설 때에 그 날개를 드리우더라.

26. 그 머리 위에 있는 **궁창 위에 보좌의 형상이** 있는데 그 모양이 남보석 같고 그 **보좌의 형상 위에 한 형상이 있어 사람의 모양** 같더라. 27. 내가 본즉 그 머리 이상의 모양은 단쇠 같아서 그 속과 주위가 불같고 그 허리 이하의 모양도 불같아서 **사면으로 광채가** 나며 28. 그 사면 광채의 모양은 비 오는 날 구름에 있는 무지개 같으니 이는 **여호와의 영광의 형상의 모양**이라 내가 보고 곧 엎드려 그 말씀하시는 자의 음성을 들으니라.

〈여호와 하나님의 영광의 형상의 모양〉을 에스겔은 육하원칙에 의하여 그대로 보고 느낀 것을 상세히 기록하고 있다. 성경의 어느 구절을 보아도 육하원칙에 의하여 쓰여진 글은 에스겔서 뿐이 없다. 육하원칙에 의하여 써졌다는 것은 그만큼 정확하다는 이야기가 된다. 이 **여호**

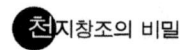

와 하나님의 영광의 형상의 모양을 대략적으로 간추려 본다면,

- 폭풍과 큰 구름 속에서 나타난다.
- 반짝반짝 빛나는 단쇠(쇳덩이) 같은 것이다.
- 날개가 달려 있다.
- 다리는 곧고 송아지 발바닥 같다.
- 바퀴가 달려있다.
- 눈이 사방에 가득하다.(유리창으로 추정)
- 이동할 땐 번개같이 빠르다.(제트기)
- 수정 같은 궁창이 있다.〔돔(dome)과 같은 둥근 유리창〕
- 궁창 밑에 날개가 있다.
- 날을 때 소리는 많은 물소리와 같다.(제트 로켓 추진 소리 : 쏴--)
- 궁창 위에 보좌(寶座)의 형상이 있다.
- 궁창 위에 남보석과 황옥 같은 것이 있다.(계기류)
- 궁창 위 보좌 위에 사람이 있다(의자에 앉은 사람)

위에 나열한 내용이 여호와 하나님의 정확한 모양이다. 이렇게 나열된 내용이 하나님의 모양일진데, 어떤 비행체(UFO)가 아니라면 괴물임에 틀림없지 않은가? 이 내용을 그림으로 그리면 다음과 같은 모습이 된다.

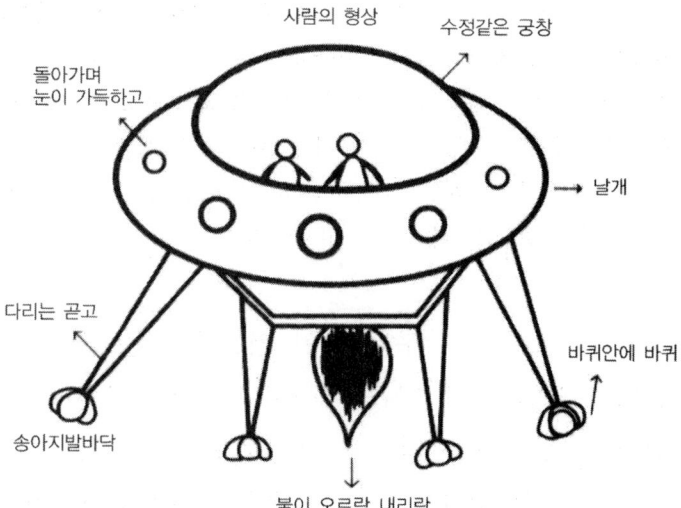

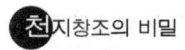

다시 창세기의 내용으로 들어가자.

창세기 2장
17. 선악을 알게 하는 나무의 실과(實果)는 먹지 말라 네가 **먹는 날에는 정녕 죽으리라** 하시니라. 18. 여호와 하나님이 가라사대 사람의 독처하는 것이 좋지 못하니 내가 그를 위하여 배필을 지으리라 하시니라.
19. 여호와 하나님이 흙으로 각종 들짐승과 공중의 각종 새를 지으시고 아담이 어떻게 이름을 짓나 보시려고 그것들을 그에게로 이끌어 이르시니 **아담이** 각 생물을 일컫는 바가 곧 그 이름이니라. 20. 아담이 모든 육축과 공중의 새와 들의 모든 짐승에게 이름을 주니라 아담이 돕는 베필이 없으므로 21. 여호와 하나님이 **아담을 깊이 잠들게 하시니 잠들매 그가 그 갈빗대 하나를 취하고** 살로 대신 채우시고 22. 여호와 하나님이 아담에게서 취하신 **그 갈빗대로 여자를 만드시고** 그를 아담에게로 이끌어 오시니 23. 아담이 가로되 이는 내 뼈 중의 뼈요 살 중의 살이라 이것을 남자에게서 취하였은즉 여자라 칭하리라 하시니라.

선악을 알게 하는 나무가 어떤 역할을 하는지는 모르지만 분명 선악을 알게 하는 나무를 먹으면 죽는다고 경고를 한다. 다음의 이야기는 아담으로 하여금 모든 생물들의 이름을 짓게 했다는 것과 아담의 갈비뼈로 여자를 만들고 이름을 '하와'라고 한다.
남자에게서 갈비뼈 하나를 취하여 여자를 만들었으면

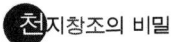

남자의 좌우 갈비뼈 중 어느 한쪽은 하나가 많든지 적어야 할 것이다.

약설하고 아담과 하와는 벌거벗고 부끄러운 줄 모르고 살았다. 하나님이 창조한 들짐승 중에 뱀이 가장 간교하단다. 하나님이 먹으면 죽는다고 경고하였다. 그런데 그들은 선악과(善惡果)를 먹어도 죽지 않고 오히려 눈이 밝아진다고 뱀이 가르쳐 준 것이다.

아담과 하와는 선악과를 먹고 눈이 밝아져 자신들이 벌거벗고 사는 것을 비로소 알고 부끄러워한다. 다음 성경의 내용을 읽어보자.

> 미신과 광신 · 맹신은
> 참다운 인간성을 마비시키고
> 깨달음의 세계로 가는 길을 파괴한다.

6 여러 명의 하나님과 그룹의 정체

3장 22절-24절
22. 여호와 하나님이 가라사대 보라 **이 사람이 선악을 아는 일에 우리 중 하나같이** 되었으니 그가 그 손을 들어 **생명나무 실과도 따먹고 영생할까** 하노라 하시고 23. 여호와 하나님이 에덴동산에서 그 사람을 내어 보내어 그의 근본된 토지를 갈게 하시니라. 24. 이같이 하나님이 그 사람을 쫓아 내시고 에덴동산 동편에 **그룹들과 두루 도는 화염검을 두어** 생명나무의 길을 지키게 하시니라.

2장 17절에는 분명 선악과를 먹으면 죽는다고 경고를 해놓고 3장 22절에는 여호와 하나님이 '우리 중'이라는

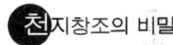

복수 명칭을 사용한 것은 무엇일까. 선(善)과 악(惡)을 아는 일, 선악을 아는 일에 **우리들 가운데 하나** 같이 되었다는 것은 분명 **여호와 하나님은 여러 명이며 유일한 하나님**이 아니라는 것이 증명된다.

인간이 사는 목적은 무엇일까, 선과 악을 모르고 좋고 나쁜 것을 모른다면 분명 감정을 모르는 하등(下等) 동물임에 틀림없다. 인간을 선악도 구분 못하는 하등 동물로 만들어 놓고 지혜로울까 겁내는 하나님, 또한 생명나무의 과일이 어떻게 생겼는지는 몰라도 그것을 먹고 **영생할까봐** 인간을 몰아내는 하나님!

참으로 인간을 창조한 목적이 무엇인지, 인간이 선악을 알고 영생할까 걱정을 하는 것인지 두려워하는 것인지 애매 모호한 이야기를 한다. **성경의 내용대로라면 구원이나 영생이란 이미 물 건너간 이야기이다.** 이미 영생할 수 있는데 못하게 하는 이유가 바로 그것이다.

인간이 종교를 가지는 이유가 무엇인가? 불로장생하는 영생과 선과 악을 분명히 알고 지혜롭고 슬기롭게 살기 위하여 종교를 택하는 것이 아닌가.

그래서 불교에서는 성불(成佛)과 해탈과 열반을 이야기하며 누구나 부처가 되길 바란다. 부처란 깨달은 완전한 지혜의 소유자를 말하는 것이다. 뿐만 아니라 대종교나 단군교 신선교에서는 하느님이 되길 바라고 신선이 되길

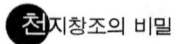천지창조의 비밀

바란다.
 이미 성경에서 분명히 밝혔듯이 인간이 영생하고 하나님과 같이 지혜롭게 되는 것을 **하나님들은 원치 않았다**. 그래서 천국과 똑같은 에덴동산에서 아담을 추방하고 에덴동산 동쪽에 '그룹'들과 두루 도는 화염검을 두어 생명나무를 지켰다고 한다.
 그룹과 두루 도는 화염검(火焰劍:불칼)은 무엇인가?
 구름 낀 시골의 밤길은 컴컴하여 지척을 분간하기 어렵다. 그때 후래쉬로 하늘을 비추면 멋있는 불칼이 된다. 어렸을 시절 친구들과 후래쉬로 칼싸움을 하면 재미있다. 성경의 내용을 다시 살펴보면 그룹이 무엇인지 빙빙도는 불칼이 무엇인지 정확하게 알게 되리라.

  에스겔서 10장 1절-22절
  1. 이에 내가 보니 **'그룹'들 머리 위에 궁창**에 남보석같은 것이 나타나는데 보좌(寶座)의 형상 같더라. 2. 하나님이 가는 베옷 입은 사람에게 일러 가라사대 너는 **'그룹' 밑 바퀴** 사이로 들어가서 그 속에서 숯불을 두 손에 가득히 움켜 가지고 성읍 위에 흩으라 하시매 그가 내 목전(目前)에 들어가더라.
  3. 그 사람이 들어갈 때에 '그룹'들은 성전(聖殿) 우편에 섰고 구름은 안뜰에 가득하며 4. **여호와의 영광이 '그룹'에서** 올라 성전 문지방에 임하니 구름이 성전에 가득하며 여호와의 영화로운 광채가 뜰에 가득하였고 5. **'그룹'들의 날개소**

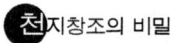

리는 바깥뜰까지 들리는데 전능하신 하나님의 말씀하시는 음성 같더라.

그룹에는 분명 궁창이 있다. 바퀴가 있고 날개도 있으며 소리가 나며 구름이 나오고 가는 베옷 입은 사람들도 있다. 창세기의 둘째 날에 보면 궁창(穹蒼)이 나온다. 궁창이란 하늘의 넓고 허황(虛荒)한 공허의 뜻이 아니라. 궁창이란 돔dome과 같은 둥근 유리창이 분명하다. 그룹이란 UFO이며 이 그룹 위에 궁창이 있다는 것은 UFO의 둥근 유리창과 같은 돔dome이다. 궁창에 남보석이란 조종실에 여러 가지 빛나는 계기류를 말하는 것이다.

영화로운 광채란 곧 영광(榮光)이다. 영광(榮光)이란 전기 불이나 레이져와 같은 광채가 나는 불빛이다. 무서운 영광인 것이다. 영광은 반가운 것이 아니라 바위틈과 같은 엄폐물에 숨어야 사는 것이다. 그렇지 않으면 죽는다.

6. 하나님이 가는 베옷 입은 자에게 명하시기를 **바퀴 사이 곧 그룹들** 사이에서 불을 취하라 하셨으므로 그가 들어가 바퀴 옆에 서매 7. 한 그룹이 그룹들 사이에서 손을 내밀어 그 **그룹들 사이에 있는 불을 취하여 가는 베옷 입은 자**의 손에 주매 그가 받아 가지고 나가는데 8. 그룹들의 날개에는 사람의 손 같은 것이 나타났더라.
9. 내가 보니 '**그룹**'들 곁에 네 **바퀴**가 있는데 이 '그룹' 곁에도 한 바퀴가 있고 저 '그룹' 곁에도 한 바퀴가 있으며

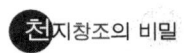

그 바퀴 모양은 황옥 같으며 10. 그 모양은 넷이 한결같은데 마치 **바퀴 안에 바퀴가** 있는 것 같으며 11. 그룹들이 행할 때에는 사방으로 향한 대로 돌이키지 않고 행하되 돌이키지 않고 그 머리 향한 곳으로 행하며 12. 그 온 몸과 등과 손과 날개와 바퀴 곧 네 **그룹의 바퀴의 둘레에 다 눈이** 가득하더라
13. 내가 들으니 그 바퀴들은 도는 것이라 칭하며 14. 그 그룹들은 각기 네 면이 있는데 첫 면은 그룹의 얼굴이요 둘째 면은 사람의 얼굴이요 셋째는 사자의 얼굴이오 넷째는 독수리의 얼굴이더라.
15. **그룹들이 올라가니 그들은 내가 그발 강가에서 보던 생물이라.**

 이 그룹들은 에스겔이 그발 강가에서 보던 이상(異像)과 같은 생물이라고 분명히 밝히고 있다. 이쯤에서도 그룹이 무엇인지 모른다면 분명 현대판 부시맨이 아닐까?
 악당이 비행기를 타고 가다가 버린 콜라 병을 하나님의 선물이라고 계속 우기며 경비행기를 하나님이 타는 천둥치는 새라고 우기며 그 새에 탄 사나운 문명인을 하나님이라고 믿고 신학을 연구한다면 얼마나 어리석은 일인가?

16. **그룹들이** 행할 때에는 바퀴도 그 곁에서 행하고 **그룹들이 날개를** 들고 땅에서 올라가려 할 때에도 바퀴가 그 곁을

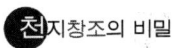

떠나지 아니하며 17. 그들이 서면 이들도 서고 그들이 올라가면 이들도 올라가니 이는 **생물의 신(神)이 바퀴** 가운데 있음이더라.

18. 여호와의 **영광(榮光)이 성전 문지방을** 떠나서 그룹들 위에 머무르니 19. 그룹들이 **날개를 들고 내 목전(目前)에 땅에서 올라가는데** 그들이 나갈 때에 바퀴도 그 곁에서 함께 하더라 그들이 여호와의 전(殿)으로 들어가는 동문에 머물고 이스라엘 **하나님의 영광(榮光)이** 그 위에 덮였더라.

20. 그것은 내가 **그발강 가에서** 본 이스라엘 하나님의 아래에 있던 생물이라 그들이 그룹인줄 내가 아노라 21. 각기 네 얼굴과 **네 날개가 있으며** 날개 밑에는 사람의 손 형상이 있으니 22. 그 얼굴의 형상은 내가 **그발강 가에서 보던** 얼굴이며 그 모양과 몸뚱이도 그러하여 각기 곧게 앞으로 행하더라.

에스겔 1장의 내용과 목격담에 담겨진 표현 방법이 똑같으며 다만 움직이고 날아다니는 생물인 이상(異像)을 '그룹' 들이라고 바뀌는 표현의 구체성을 띠고 있다. 첫 번째 그발 강가에서 보았던 이상(異象) 즉 '그룹'을 강과 들에서 수십 번을 목격하고 **이상(異象:그룹)을 타보기까지 한다.** 그때의 상식으로는 도저히 상상을 불허하는 초현실적인 지각장애(知覺障碍)로 외계인(UFO)을 하나님으로 착각했을 것은 당연하리라 본다.

마치 부시맨이 콜라병을 하나님의 선물 자동차를 짐승.

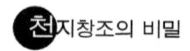천지창조의 비밀

비행기를 나는 괴물 새라고 한 것처럼 말이다. 그룹이 무엇인지 다시 한번 상기하는 뜻에서 시편의 내용을 읽어보자.

18-19절에 하나님의 영광(榮光)이란 보이지 않는 영적인 영광(靈光)이 아니라 눈으로 보이는 두려운 빛인 것이다.

> 시편 18장 7절 10절
> 7. 이에 **땅이 진동하고 산의 터도 요동**하였으니 그의[하나님] **진노(震怒)를** 인함이더라 8. 그 **코에서 연기가 오르고 입에서 불이 나와 사름이여** 그 불에 숯이 피었도다 9. 저가 (하나님) 또 하늘을 드리우고 강림하시니 그 발 아래는 어둑컴컴하도다. 10. **'그룹'을 타고 날으심이여 바람 날개로 높이 뜨셨도다.**

이 그룹으로 인하여 땅이 진동하고 산이 요동하는 것이 하나님의 진노(震怒) 때문이라는 것이다. 성경에 보면 하나님이 엄청나게 진노를 하며 입에서 불을 토하여 사람을 많이 죽인다. 코에서 연기가 나오고 입에서 불을 토하는 하나님! 그것은 **그룹을 타고 날기** 때문이다. 이 그룹은 바람 날개가 있어 높이 뜰 수 있는 것이다.

눈으로 볼 수 없고 만질 수 없는 영적(靈的)인 하나님이라면 진노하고 연기를 뿜을 일이 있겠는가? **진노(震怒)라는 뜻은 부르르 떤다는 것이다.** 화가 나서 부르르 떠는

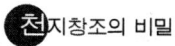지창조의 비밀

현상이 진노인데 정말 하느님이 있다면 하느님이 무엇이 답답하고 무엇에 화낼 일이 있으며 무엇이 두려워 부르르 떨겠는가?

 자동차나 비행기 또는 헬리콥터 등의 엔진 소리와 같은 소음이라면 지축(地軸)이 흔들리는 요동을 했을 것이다. 정말로 땅이 부르르 떠는 현상에 어찌 미개인이 하나님이 진노를 했다고 하지 않았겠는가?

다니엘 7장 2절-
다니엘이 진술하여 가로되 내가 밤에 **이상(異象)**을 보았는데 **하늘의 네 바람이** 이 큰 바다로 몰려 불더니 3. **큰 짐승 넷**이 바다에서 나왔는데 그 모양이 각기 다르니 4. 첫째는 **사자와 같은데 독수리의 날개가** 있더니 내가 볼 사이에 그 **날개가 뽑혔고 또 땅에서 들려서 사람처럼 두발로 서게함을 입었으며 또 사람의 마음을** 받았으며, 7. 내가 밤 이상(異象) 가운데 그 다음에 본 넷째 짐승은 무섭고 놀라우며 또 극히 강하며 또 **큰 철(鐵) 이가** 있어서 먹고 부숴뜨리고 그 나머지를 발로 밟았으며 이 짐승은 전의 모든 짐승과 다르고 또 열 뿔이 있으므로 8. 내가 그 뿔을 유심히 보는 중 다른 작은 뿔이 그 사이에서 나더니 먼저 뿔중에 셋이 그 앞에 뿌리까지 뽑혔으며 이 작은 뿔에는 사람의 눈같은 눈이 있고 또 입이 있어 큰 말을 하였느니라 9. 내가 보았는데 왕좌가 놓이고 옛적부터 항상 계신이가 **좌정하셨는데 그 옷은 희기가 눈 같고** 그 머리털은 깨끗한 양의 털 같고 그 **보좌(寶座)는 불꽃이요 그 바퀴는 붙는 불이며** 10. **불이 강**

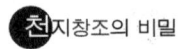천지창조의 비밀

처럼 흘러 그 앞에서 나오며 그에게 수종하는 자는 천천이요 그 앞에 시위하는 자는 만만이며 심판을 베푸는데 책들이 펴 놓였더라.
13. 내가 또 밤 이상(異象) 중에 보았는데 인자 같은 이가 **하늘 구름을 타고** 와서 옛적부터 항상 계신 자에게 나아와 그 앞에 인도되매....

다니엘이 본 이상(異象)이나 에스겔이 본 이상(異象)이나 모두가 같은 것이며, 에스겔은 **그발강에서** 다니엘 8장에 보면 다니엘은 **을래강에서** 본다. 에스겔이나 다니엘 모두 이 이상(異象)을 짐승으로 표현하고 있다. 다니엘은 이 이상을 몇 년에 걸쳐 여러번 본다.

 쇠로 된 이빨도 있고 날개가 뽑히니 두발로 서며 사람의 마음을 받았다는 것은 로버트나 만화 영화의 마징가 제트 같은 느낌이 든다. 바퀴는 붙는 불이며 불이 강처럼 흐른다는 것은 로케트의 추진을 뜻하는 것이 아닐까. 보좌에 앉은 흰옷 입은 사람이 타고 오는 것은 신선이 구름을 타고 오는 것이 아니라 하늘의 구름을 타고 온다는 것은 로케 추진의 비행체를 의미하는 것으로 보면 어떨까?

 구약 성경은 전체가 UFO의 목격 기록서로 보면 해석이 용이하다. UFO가 아닌 다른 뜻으로 해석을 하면 요상한 궤변과 괴리가 나온다. 괴변과 괴리가 아니라면 너무도

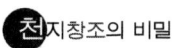

심오(深奧)한 깊은 뜻이 있어 인간의 두뇌로는 도저히 해석이 불가능한 내용이다.

교인들은 성경의 뜻이 너무 심오하여 해석이 불가능하다고 한다. 이해도 어렵고 해석이 불가능한 글이 하나님만이 아는 내용이라면 인간에게 과연 필요한 것인가?

각기 다른 지방에서 각기 다른 시대에 각기 다른 44명의 여러 사람이 1600여 년 간에 걸쳐 산발적으로 목격한 UFO를 신(神)으로 구전되어 여호와 하나님이라고 부르게 된 것이니 너무 심오(?)하여 해석이 불가능할 수밖에 더 있겠나?

> 인간에게 가장 무서운 지적장애(智的障碍)는 관념(觀念)이 틀에서 벗어나지 못하는 것이다.
> 의식이나 영혼부분에 있어서는 더욱 심각한 것이다. 과감히 낡은 생각을 던져 버리고 있는 그대로 볼 때 진정한 지혜가 생긴다.

7 카르고 비행단의 전설

카르고 전설을 만든 비행기

천지창조의 비밀

앞의 사진은 실제로 있었던 일로 오지탐험에서 발견한 내용이다. 1943년 2차대전이 한창일 때 영국의 공군 수송 비행기 한대가 서태평양 멜라네시아(Melanesia)의 한 섬에 불시착한 일이 있었다.

2차 세계대전의 군수물자를 수송하던 영국 공군 수송단 카르고(cargo) 비행기였다. 그 섬의 원주민들은 하늘에서 갑자기 벼락치듯 요란한 소리를 내며 하늘에서 땅으로 내려오는 상상으로 표현할 수 없는 이상한 큰 새를 볼 수 있었다.

이 사진은 카르고 수송단이 떠난 후 원주민들이 나무와 갈대, 풀잎 등으로 하늘에서 하느님이 타고 온 큰 새를 만들어 불시착한 장소에 세우고 그 날을 기리며 지극히 신성한 숭배물로서 주위를 돌며 춤추고 노래하고 빙빙돌며 하나님의 큰 새가 다시 오기를 기다리고 있다고 한다.

이와 같이 예기치 못한 일이 **별안간 나타나 이들의 환경에 초현실적인 엄연한 사실로 전개되었을 때 지각장애가 일어나 초현실적인 생각을 하게되고 하느님으로 둔갑**하게 되는 것은 지극히 당연한 일이다.

성경에 나오는 여호와 하나님은 한낱 문명인에 지나지 않는 것이다. 착각이 오래되면 고정된 관념으로 남아 습관으로 젖게되며 이것이 신앙의 풍습으로 전해내려 오는 것이다. 밖을 향하여 신을 찾고 구원을 바라는 것은 이런

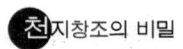지창조의 비밀

초현실적인 상황에 부딪혔을 때 생기는 일로 진리나 철학이 나올 수 없는 것이다. 오히려 **황당한 이야기와 괴변이 나오게 마련이므로 해석이 될 수 없으므로 심오하다고 하는 것이다.**

> 초월적 급격한 환경의 변화는 정신을 망각시키고 상상의 나래는 허공을 나른다.
> 인식의 잘못된 변환은 엄청난 오류를 만든다. 모든다고 심오(深奧)한 것은 아니다. 알고 나면 심오한 것은 하나도 없다.

8 외계에는 다른 생명이 존재하는가?

 성경에서는 분명히 말하길 지구 이외에 다른 외계는 없다고 못 박혀 있다. 그래서 외계인 자체는 존재치 않는다라고 되어 있다. 그러나 하나님의 모양은 외계의 우주선이나 외계인을 묘사한 것이 틀림없다. 이것이 아니라면 해석이 불가능한 그야말로 교인들이 말하는 심오한 다른 이치가 있던지 아니면 괴리(怪理)의 이치가 있을 뿐이다.
 그러면 다른 종교, 특히 불교에서는 무엇이라고 되어있나 살펴보자.
 앞에서 부분적으로 설명했지만 세계란 시간과 공간이요, 삼세(三世)와 삼계(三界)에서 삼(三)을 빼면 세(世)와 계(界)가 세계인 것이다. 과거 현재 미래의 시작 없는 시간과 끝

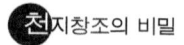 천지창조의 비밀

없는 시간, 욕계 색계 무색계의 경계가 없는 세계, 갠지스 강의 모래알과 같이 많은 별들의 세계에 중생들이 산다고 되어 있다.

성라항사(星羅恒沙)가 중생소거 (衆生所居)라.
"모래알 같이 많은 별들에 중생이 사는 곳이다."
삼계유여급정륜(三界猶如汲井輪)
백천만겁역미진(百千萬劫亦微塵)
이것을 해석하면
"삼계인 욕계 색계 무색계가 우물의 소용돌이처럼 도는데 백천 만겁의 헤아릴 수 없는 시간이 또한 미진(微塵)과 같다."

은하의 소용돌이가 우물의 소용돌이 같다.

지구의 공전과 자전 뿐만 아니라 태양도 돌고 달도 돌고 별도 돈다. 모든 은하계가 모두 돈다는 전동설(全動說)이 불교의 우주관이다. 뿐만 아니라. 우주를 삼천대천세계라고 한다. 소천세계(小千世界) 천개가 모인 것이 중천세계이며 중천세계 천개가 모인 것이 삼천대천세계이다.

소천세계란 일월(日月) 즉 태양계가 천개 모인 것이며, 혹은 욕계 색계 무색계가 천 개 모인 것이 소천세계라고도 한다. 현대적으로 해석하면 은하계가 소천세계이며 은하계 천 개가 모인 것이 중천세계이며 중천세계 천 개 모인 것이 삼천대천세계라고도 한다. 이 엄청나게 큰 세계에는 각기 거기에 맞는 중생들이 산다고 되어 있다. 이 세계는 무한(無限)한 것으로 중생도 무한하게 사는 것이다.

외계에 사람이 사느니 살지 않느니하는 것은 어린 아이가 처음에 자기 집에만 사람이 사는 것으로 착각하는 것과 같은 발상이다.

    천지만상묵무언(天地萬象默無言)
    대지회전차부동(大地回轉次不動)
    "하늘과 땅과 모든 만가지 형상은 말없이 고요하며
    대지는 회전하는데 움직이는 것 같지 않다."

지금 태양은 은하를 중심으로 1회 공전하는데 2억 5천만년이 걸리며 지구는 태양 주위를 도는데 365일이 걸리고 달은 지구를 중심으로 도는데 30일이 걸린다는 사실

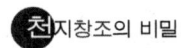천지창조의 비밀

은 초등학생도 다 아는 일이다.

 지금 우리 지구는 적도를 중심으로 초속 464m의 엄청난 속도로 회전하며 초속 30km의 빠른 속도로 공전하고 있는데 우리는 전혀 의식적으로 느끼지 못하고 있다. 만약 속도를 느낀다면 우리는 살아남지 못한다. 그래서 대지는 회전하나 움직이는 것 같지 않다는 대지회전차부동(大地回轉次不動)이라 한 것이다.

   천전지전천지전(天轉地轉天地轉)
   육도윤회상부정(六道輪廻常不停)
   "하늘이 돌고 땅이 돌고 하늘과 땅이 같이 돌며 천당
   지옥 아귀 축생 인간 수라 등의 육도가 윤회하는 것이
   항상 하며 머무는바가 없다."

 기독교에서는 천동설을 주장하여 16세기에 지동설을 주장하는 학자들을 종교 제판이라는 명목으로 화형(火刑)에 처하여 죽였다. 이것만으로도 인류에게 가장 큰 죄를 지은 것이다.

 16세기 코페르니쿠스가 지동설을 주장하기 전에 이미 기원전(BC) 281년에 그리스의 **천문학자 아리스타르코스(Aristarchos. BC. 310~230)는 지구의 공전과 자전을 제창하였고 지구가 우주의 중심이 아니라고 발표하였다.** 그러나 정치적으로는 로마가 세계를 지배하고 로마는 기

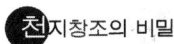

독교의 영향 하에 있었기에 지동설은 빛을 잃고 중세의 암흑시대가 전개되는 것이다.

 지동설을 주장한 코페르니쿠스나 브루너 같은 많은 사람들이 로마 교황청의 천주교인의 손에 의하여 십자가에 매달려 불에 타 죽었다.

 과학문명의 발흥이 시작되는 **문예부흥과 산업혁명은 탈(脫) 기독(천주)교화에서 발전한 것이다**. 1600여년에 걸친 중세의 암흑시대는 바로 천주교 영향에서 비롯된 것이다. 암흑시대에 과연 구원이 있었겠는가? 무엇이 구원인가? 2천년의 긴 역사 동안 단 한 명의 부활이나 구원이 있었는가?

'제2의 지구' 은하계에 바글바글…
외계행성 존재 간접증거 발견
[과학/기술] 2001년 02월 21일 (수) 18:55

〈지구형행성 우리은하에 바글대는 간접적 증거 발견〉

 지금까지 태양계 밖에서 발견된 행성 55개는 모두 지구보다 훨씬 큰 목성급 행성들이었다. 그렇다면 생명체가 살고 있을 가능성이 있는 지구 같은 행성이 없다는 얘기일까? 그렇지 않다. 천문학자들은 아직까지 지구형행성이 발견되지 않은 이유는 단지 목성급보다 작고 어둡기 때

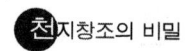 천지창조의 비밀

문이며 좀더 성능이 좋은 우주망원경이 나오면 발견할 수 있을 것으로 보고 있다.

20일 미국 샌프란시스코에서 열린 미국과학진흥협회(AAAS) 연례모임에서는 우리 은하에 지구형행성이 수없이 많을 것이라는 논문이 발표돼 주목을 끌고 있다.

이날 캐나다 이론물리연구소의 노만 머레이 박사가 태양 근처 470여 개의 별을 관측해서 수많은 지구형행성에 대한 간접증거를 찾아냈다고 발표했다.

머레이 박사는 "이번 결과가 지구형행성이 존재한다는 직접증거는 아니지만, 관측사실을 바탕으로 한 모델링을 통해 어떤 항성계에 암석물질이 충분히 존재한다면 결국 지구 크기의 행성으로 모여든다는 사실을 알아냈다"고 밝혔다.

이번에 관측된 별들은 우리 은하의 극히 일부이기 때문에 우리 은하 전체에는 엄청나게 많은 지구형행성이 존재할 것이라고 생각할 수 있다.

머레이 박사는 별 표면에서 높은 함유량의 철 성분을 발견했다. 이는 이들 별이 소행성 등 철을 많이 함유한 주위 암석덩어리를 게걸스럽게 잡아먹고 있다는 것을 뜻한다. 이런 추론이 가능한 것은 철이 보통 별의 중심부에서만 발견되기 때문이다.

머레이 박사는 태양계 형성 초기에 많은 소행성들이 모

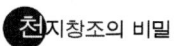

여 지구형행성이되고 고아가 된 소행성들이 태양 주위를 공전하고 있다며, 이런 정황증거로 볼 때 이들 별 주위에는 소행성뿐아니라 많은 지구형행성이 존재한다고 주장했다.

미신(迷信)은 미혹하게 믿는 것이며
광신(狂信)은 미쳐서 믿는 것이며
맹신(盲信)은 눈멀어 믿는 것이며
맹신(猛信)은 사납게 믿는 것이며
병신(病信)은 믿어서 병드는 것이오.
사신(邪信)은 삿되게 믿는 것이며
귀신(鬼信)은 죽어도 믿는 것이다.

9 가인이 동생 아벨을 죽이다

이제 창세기 4장의 내용으로 다시 가보자.

4장 1절 아담이 그 아내 하와와 동침하매 하와가 잉태하여 '가인'을 낳고 이르되 내가 여호와로 말미암아 득남하였다 하니라 2. 그가 또 가인의 아우 '아벨'을 낳았는데 아벨은 양치는 자이었고 가인은 농사하는 자이었더라 3. 세월이 지난 후에 가인은 땅의 소산으로 제물을 삼아 여호와께 드렸고 4. 아벨은 자기도 양의 첫 새끼와 그 기름으로 드렸더니 여호와께서 아벨과 그 **제물은 열납(悅納)**하셨으나 5. 가인과 그 **제물은 열납하지 아니하신지라** 가인이 심히 분하여 안색이 변하니 6. 여호와께서 가인에게 이르시되 네가 분하여 함은 어쩜이뇨.

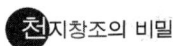

　이상의 내용은 가인은 농사를 짓고 아벨은 양치는 사람인데 여호와 하나님이 아벨의 양고기는 기쁘게 받아들이고 가인의 농산물은 받아들이지 않았다는 이야기이다.
　무론시비(無論是非)하고 선악양상망(善惡兩相忘)하라는 이야기가 있다. 진리의 진면목은 옳고 그름을 논하지 않고 선과 악을 모두 잊는다는 이야기이다. 어찌 절대자라는 하나님이 피조물이 바치는 제물을 선택하여 인간으로 하여금 시기와 질투를 일으키게 하여 살인을 유발한다는 말인가?
　인간은 자기 자신의 잣대에 옳고 그름이 있고 선과 악이 있는 것이지 절대의 자리인 진리에 무슨 선악과 시비 분별이 있겠는가? 미개하면 시비와 분별이 많은 것이다.
　성경의 내용을 그대로 계속 쓰면 지루하고 딱딱하여 내용을 간추려 설명하겠다.
　가인은 그 후 화가 나서 아벨을 돌로 쳐죽인다. 아벨이 눈에 띠지 않으니까 여호와 하나님은 아벨을 찾게되고 가인이 죽였다는 사실을 안다. 이에 하나님은 가인을 저주한다. 가인이 죄책감을 느껴 괴로워하고 만나는 사람들이 있으면 자신이 죽임을 당할까 걱정을 하니 여호와 하나님은 가인에게 죽음을 면하는 표를 주며 가인을 죽이는 자는 벌을 7배를 받는다고 경고를 한다.
　모순으로 일관된 성경의 내용을 또 한번 읽어보자.

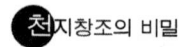 천지창조의 비밀

마태복음 10장 29절과 누가복음 12장 6-7절
「**참새 한 마리라도 너희의 아버지(하나님)께서** 하락하지 않으면 땅에 떨어지지 않는다 아버지께서는 너희의 머리카락까지도 다 세어 두셨다. 그러니 두려워하지 말라 너희는 수많은 참새보다 훨씬 더 귀하다.」

 이 내용은 하나님의 허락 없이는 그 누구라도 어떠한 생명을 죽일 수 없다는 내용이다. 너희들이 죽고 사는 일은 모두 하나님인 나에게 달려 있다는 내용이다. 그러면 가인이 동생인 아벨을 죽인 사건도 결론적으로 본다면 하나님의 허락 하에 이루어졌다는 이야기가 된다. 왜 이런 앞뒤가 맞지 않는 이야기로 성경은 쓰여졌을까?
 성경이 쓰여진 연대는 1600여년 간이란 긴 세월 동안 44명이라는 여러 사람에 의하여 여러 지방에서 산발적으로 쓰여졌고 각기 다른 시대에 각기 다른 UFO를 목격한 목격담이기 때문에 이런 황당한 이야기가 나오는 것이다. 이런 모순이 신학적으로 해석한다는 것은 더 큰 궤변과 괴리를 낳는 것이며 UFO의 목격기록서로 본다면 해석은 정확하다고 볼 수 있다.

10 1,000살 가까이 사는 사람들

창세기 4장 16절부터 5장까지는 아담부터 노아까지의 족보가 나온다.

16. 가인이 여호와 앞을 떠나 나가 에덴동산 동편 놋 땅에 거하였더니 17. 아내와 동침하니 그가 잉태하여 에녹을 낳은지라 가인이 성을 쌓고 그 아들의 이름으로 에녹이라 하였더라 18. 에녹이 이랏을 낳았고 이랏은 므후야엘을 낳았고 므후야엘은 므드사엘을 낳았고 므드사엘은 라멕을 낳았더라 19. 라멕은 두 아내를 취하였으니 하나는 아다요 하나는 씰라며 20. 아다는 야발을 낳았으니 그는 장막에 거하여 육축 치는 조상이 되었고 21. 그 아우의 이름은 유발이니

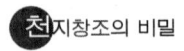 천지창조의 비밀

그는 수금과 통소를 잡는 모든 자의 조상이 되었으며 --
5장 3절 ---
아담이 **일백 삼십 세에 자기 모양 곧 자기 형상**과 같은 아들을 낳아 이름을 셋이라 하였고 4. 아담이 셋을 낳은 후 팔백 년을 지내며 자녀를 낳았으며 5. 그가 **구백 삼십 세**를 향수하고 죽었더라. 6. 셋은 일백 오세에 에노스를 낳았고 7. 에노스를 낳은 후 **팔백 칠 년을 지내며 자녀를 낳**았으며 8. 그가 **구백 십이 세를** 향수하고 죽었더라. 9. 에노스는 구백 세에 게난을 낳았고 10. 게난을 낳은 후 **팔백 십오년을 지내며 자녀를** 낳았으며 11. 그가 **구백 오세를** 향수하고 죽었더라. 12. 게난은 칠십세에 마하랄렐을 낳았고 13. 마할라렐을 낳은 후 팔백 사십 년을 지내며 자녀를 낳았으며 14. 그가 **구백십세를 향수하고 죽었더라.** 15. 마할랄렐은 육십오세에 야렛을 낳았고 16. 야렛을 낳은 후 **팔백 삼십 년을 지내며 자녀를** 낳았으며 17. 그가 **팔백 구십오세를 향수하고 죽었더라** 18. 야렛은 일백 육십 이세에 에녹을 낳았고 19. 에녹을 낳은 후 **팔백 년을 지내며 자녀를** 낳았으며 20. 그가 **구백 육십 이세를** 향수하고 죽었더라.

◆ 휴거(携擧)의 시작

21. 에녹은 육십 오세에 므두셀라를 낳았고 22. 므두셀라를 낳은 후 **삼백년을 하나님과 동행하며 자녀를** 낳았으며 23. 그가 삼백 육십 오세를 향수 하였더라 24. 에녹이 **하나님과 함께 동행하더니 하나님이 그를 데려 가시므로 세상에 있지** 아니하였더라

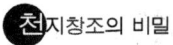

아담이 구백 삼십 세까지 살다 죽었고 팔백 년을 지내며 자식을 낳았다. 그 이하의 자손들도 보통 팔백 년을 지내며 자식을 낳고 구백살 넘게까지 살았다. **팔 백년 동안 자식을 낳을 수 있는 정력 대왕**이 부럽다.

인류 역사상 구석기 시대를 6천년 전으로 본다면 아담이 창조된 년도는 BC 4,026년이니까 지금부터 약 6천년 전이다.

인류가 지상에 생성된 역사는 수 억년이 넘는다. 지금부터 6천년전에 창조된 아담은 누구일까? 인간의 수명이 많이 살아봐야 100살이 안 된다. 그런데 800살이 넘도록 자식을 낳을 수 있는 정력대왕(精力大王)! 900살이 넘도록 사는 이 사람들은 누구인가?

과연 지구상에 이런 인류가 존재한 적이 있었는가? 과학적으로 또는 역사적으로 드러난 인간의 수명은 100년을 넘기가 힘들다. 전설에 의하면 중국의 팽조가 700살을 살았다고 한다. 그러나 이것도 전설일 뿐 확인할 길이 없다.

에녹은 〈300년 동안을 하나님과 같이 다니며〉 하나님과 같이 살고 자식을 낳았다고 한다. 하나님과 같이 다니며 살았다는 것은 무엇을 의미하는가? 영적(靈的)인 보이지 않는 하나님과 같이 살았다면 귀신이나 혼(魂)으로서 같이 살았다면 말이 된다. 하나님이 에녹을 데려 감으로 에

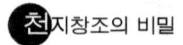지창조의 비밀

녹이 세상에 있지 않다고 한다.
 하나님이 에녹을 어디로 데려 갔을까. 여기서 데려 갔다는 것은 죽음을 의미하는 것이 아니라 살아 있는 상태에서 다른 곳으로 데려 간 것이다. 기독교인들이 휴거(携擧)로 난리를 죽이는 것이 바로 이 대목에서 시작된 것이다. 팔구백 년을 사는 사람들 가운데 에녹만이 삼백살 밖에 못살았다는 것은 이치에 맞지 않는다.
 휴거란 산채로 하늘로 들어 올린다는 뜻이다. 에녹은 산채로 하늘로 들어 올려졌다.
 불경에 보면 욕계 색계 무색계의 하늘이 있는데, 욕계에 6천(天) 색계에 18천 무색계에 4천이 도합 28천(天)이 있다. 그 중에 욕계의 제일 천(天)인 사천왕천(四天王天)은 천왕(天王)이 사는 곳으로 천왕이란 하늘의 왕으로 우리 말로는 하느님이다.
 지구 50년이 그 곳의 1일이다. 여섯 번째 하늘인 타화자재천은 지구 1600년이 그 곳의 하루이다. 색계나 무색계의 수명은 이루 헤아릴 수 없이 길다. 아미타불이 계시는 극락세계의 수명은 무량수(無量壽)이다. 즉 수로서 헤아릴 수 없다는 뜻이다. 타화자재천을 천마(天魔)즉 하늘 마구니라고 한다.
 우리가 사는 은하계의 중심부로부터 우리가 사는 태양계는 남섬부주, 동쪽은 동굴바제, 서쪽은 서구야니, 북쪽

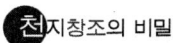

은 북울단월이라 한다. 북울단월의 인간 수명은 1,000세가 넘는다. 너무 오래 살며 고통을 모르기 때문에 공부할 생각을 않으므로 성불(成佛)을 할 수가 없다는 것이다. 그래서 불제자는 차라리 지옥에 태어날지언정 천당과 같은 북울단월에 태어나길 바라지 않는다. 왜냐하면 너무 편안하고 생명이 길어 무상을 느끼지 못하기 때문에 발심(發心)을 하지 않기 때문이다.

인간이 너무 편안하고 오래 살면 공부할 생각을 않는다고 한다. 그래서 성불을 하려면 수명이 긴 북울단월에 태어나길 싫어한다.

여하튼 지구상에는 지구인으로 8~9백살을 산 사람이 없다. 미국의 아담스키가 쓴 「우주인 동승기」를 보면 외계인들의 수명이 보통 4백살부터 1천 살에 이른다.

그러면 UFO와 비슷하게 생긴 여호와 하나님이 창조한 아담은 누구이며, 하나님과 3백년을 같이 다니다 하나님이 데려가 에녹은 어디로 갔을까?

25. 므드셀라는 일백 팔십 칠세에 라멕을 낳았고 26. 라멕을 낳은 후 **칠백 팔십 이년을 지내며 자녀를 낳았으며** 27. 그는 **구백 육십구 세를** 향수하고 죽었더라. 28. 라멕은 일백 팔십 이세에 아들을 낳고 29. 이름을 노아라 하여 가로되 여호와께서 땅을 저주하시므로 수고로이 일하는 우리를 이 아들이 안위(安慰)하리라 하였더라. 30. 라멕이 노아를

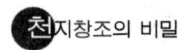지창조의 비밀

낳은 후 **오백 구십오년을 지내며 자녀를** 낳았으며 31. 그는 칠백 칠십 칠세를 향수하고 죽었더라. 32. **노아가 오백세 된 후에 셈과 함과 야벳을** 낳았더라

이상의 내용은 여호와 하나님이 땅을 저주하고 노아가 오백 세에 아들 삼형제를 낳았다는 이야기이다. 고금을 통해서 하나님이 화를 내고 저주한다는 이야기는 기독교 성경뿐이 없다.

노아의 부인은 누구일까 500살에 자식을 낳을 수 있는 정력(精力)의 대가(大家)와 그의 부인? 참으로 부러운 일이다.

B.C 2348년에 홍수가 일어났다고 하는데 역사상으로는 지금으로부터 약 4,000년전이니까 그 전후로 해서 1,000년 가까이 산 사람은 없다. 그러면 이들은 누구인가?

한두명이 1,000년을 산 것도 아니고 몇 수십명씩 집단으로 대를 이어 살았던 사람들은 외계인이 아닐까.

11장 가드는 하나님의 아들들

창세기 6장 1절―
1. 사람이 땅위에 번성하기 시작할 때에 그들에게서 딸들이 나니 2. **하나님의 아들들이 사람의 딸들의** 아름다움을 보고 자기들이 좋아하는 모든 자로 아내를 삼는지라

 유일신(唯一神)으로서의 하느님이 아닌 하나님들이 자기의 모습대로 인간을 창조했고 거기서 나온 여자들이 얼마나 예뻤는지는 몰라도 **하나님의 아들들이 인간의 딸들을 미모에 반하여 아내로 삼았다는** 이야기이다.
 이 하나님의 아들들이 영혼으로서의 영적(靈的) 존재라면 인간의 딸들과 도저히 육체적으로 결합될 수 없는 일

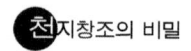

이다. 영적인 존재란 귀신과 다름없는 것이다. 귀신이 사람과 육체적 관계를 하여 자식을 낳을 수 있을까?

과학적으로 논리에 맞는 이야기를 한다면 외계인들이 지구에 왔을 때 인간과의 성적교류(性的交流) 내지는 복제인간을 만들었다는 이야기가 오히려 타당하지 않을까? 앞에서 여호와의 모습에서 밝혔듯이 여러 가지 정황으로 본다면 **여호와는 UFO의 한 무리라는 것**을 정확히 성경에서 밝히고 있다.

정말로 영적(靈的)인 신이라면 인간의 딸들을 아내로 삼을리도 없고 부르르 떠는 진노(震怒)도 하지 않으며 심판하여 죽이는 일은 더욱 없다.

3. 여호와께서 가라사대 **나의 신이** 영원히 사람과 함께 하지 아니하리니 이는 그들이 육체가 됨이라 그러나 그들의 날은 **일백 이십** 년이 되리라 하시니라 4. 당시에 땅에 **네피림**이 있었고 그 후에도 **하나님의 아들들이 사람의 딸들을 취하여 자식을 낳았으니** 그들이 용사라 고대에 유명한 사람이었더라

이야기는 무엇을 의미하는가? 여호와 하나님께서 나의 신이라고 한 것은 무엇인가? 여호와 하나님 자신이 신(神) 그 자체일텐데 여호와는 왜 나의 신이라고 했을까? 역설적으로 바꾸어 말을 한다해도 신이란 정신을 의미할

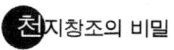

수도 있다. 하나님의 고매한 정신이 인간과 같이 할 수 없다는 이야기로 받아 들인다해도 납득하기 어려운 대목이다.

그래서 그때부터 인간의 수명은 120살로 줄었다는 것이다. 하늘에는 여자가 없는 모양이다. 또한 하나님의 아들들은 인간 여자들을 꽤 좋아하는 모양이다. **인간의 딸들을 취하여 자식을 계속 낳았으니 말이다. 귀신과 같은 영적(靈的) 존재로서 하나님의 아들들이 인간과 성교를 하여 자식을 낳았다면 지나가던 개가 웃고 갈 일이며 예수가 성령으로 잉태 되었다는 이야기도 깊이 깊이 생각해 보아야 할 것이다.**

하나님이 인간을 창조하기 전에, 인간의 딸들을 아내로 삼아 자식을 낳기 전에 그 당시에 〈네피림〉이라는 종족이 이미 살았던 모양이다.

12 한탄하고 근심하는 하나님

5. 여호와께서 사람의 죄악이 세상에 관영(官營)함과 그 마음의 생각의 모든 계획이 항상 악할 뿐임을 보시고 6. 땅위에 사람 지으셨음을 **한탄하사 마음에 근심하시고** 7. **가라사대 나의 창조한 사람을 내가 지면에서 쓸어버리되 사람으로부터** 육축과 기는 것과 공중의 새까지 그리하리니 이는 내가 그것을 지었음을 **한탄함이니라** 하시니라 8. 그러나 노아는 여호와께 은혜를 입었더라.

보통 마음 공부 좀 했다는 사람들은 후회하거나 한탄하는 일이 없다. 부처님이 한탄한다는 이야기 들어 보았는가? 진정한 하느님이 후회하고 한탄한다는 이야기가 있

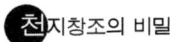

던가? 하물며 기독교인이 말하는 전지전능하다는 하나님이 근심하고 한탄한다면 일반 속인(俗人)과 무엇이 다르랴!

창조했다고 마음대로 쓸어낼 수 있는 것인가? 전지전능하다면 애초에 완전하게 창조할 것이지 왜 불안전하게 창조하고 후회하고 한탄한단 말인가?

인간사회에서 한번 채용하면 왠만한 잘못이 있다 해도 파면을 시키기 어려운 것이다. 그래서 선택하기는 쉬워도 버리기는 어렵다고 하는 것이 아닌가. 하물며 생명을 창조하고 쓸어버린다는 이야기는 신이 할 이야기가 아니다.

정신병적 지적장애가 오면 밖을 향하여 구원의 대상을 찾는다. 절대자라는 잘못된 인식에 죽이는 만행을 저질러도 모르고 있다.

신명기 13장 6~11절
『다른 신을 믿으면 사랑하는 아내, 아들, 딸, 형제, 친구 가릴 것 없이 용서 말고 돌로 쳐 죽여라.』

13 완전한 의인 노아

창세기 6장 9절부터
9. 노아의 사적(事蹟)은 이러하니라 노아는 의인(義人)이요 당세에 완전한 자라 그가 **하나님과 동행하였으며** 10. 그가 세 아들을 낳았으니 셈과 함과 야벳이라 11. 때에 온 땅이 **하나님 앞에 패괴(悖怪)하여 강포(强暴)가 땅에 충만한지라.**

노아 홍수의 이유(理由)을 이야기하는 것이다. 노아는 완전하고 의로운 사람으로서 **하나님과 같이 걸어** 다녔다. 하나님과 같이 다니는 것을 보고도 다른 모든 사람들은 하나님 앞에 패역(悖逆)하고 강포하다는 것이다. 패역과 강포라는 말은 엄청나게 사나운 것으로 인간으로서 도저

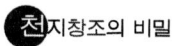

히 구제할 수 없는 구제불능을 의미하는 것이다. **살아 움직이는 하나님 앞에서 강포하고 패괴할 수 있는 간 큰 사람들이 있을까?**

하나님이 얼마나 볼품이 없든지 형편없는 몰골이라면 사람들이 하나님을 보고도 강포했을까? **하나님과 같이 다녀도 패역하고 강폭했는데 하나님을 볼 수 없는 지금의 세상은 과연 어떠하겠는가?**

노아가 육백세 때에 여호와 하나님은 대홍수로서 심판하여 쓸어버린다. 노아의 여덟 식구와 각종 동물의 암수한 쌍씩을 방주(方舟)에 들어가게 한다. 방주의 크기는 길이 150m 폭 50m 정도이다. 아무리 좋게 해석하여 방주가 크다한들 가로 200m 세로 100m를 넘지 않는다. 과연 이 작은 방주에 모든 동물이 먹고 살 수 있는 음식을 저장할 수 있을까? 물이 온 천지를 덮어 150일간을 창일했으니까 말이다.

14 여호와 하나님의 약속

창세기 8장 20절-22절

20. 노아가 여호와를 위하여 단을 쌓고 모든 정결한 짐승 중에서와 모든 정결한 새 중에서 취하여 **번제(燔祭)로 단에** 드렸더니 21. 여호와께서 그 향기를 흠향하시고 그 중심에 이르시되 내가 다시는 **사람으로 인하여 땅을 저주하지 아니하리니** 이는 사람의 마음의 계획하는 바가 어려서부터 악함이라 내가 전에 행한 것 같이 모든 생물을 멸하지 아니하리니 22. 땅이 있을 동안에는 심음과 거둠과 추위와 더위와 여름과 겨울과 낮과 밤이 쉬지 아니하리라.

이상의 내용은 홍수로 싹쓸이를 한 다음 노아가 깨끗한 동물의 고기를 구워서 드리니까 여호와 하나님이 냄새를

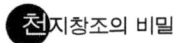

맞으시고 사람으로 인하여 땅을 저주했던 일을 없애고 다시는 저주하지 않겠다고 약속하는 것이다.

 그러나 얼마 있지 않아 소돔과 고모라 성(城)을 불로 심판하여 도시 전체를 멸망시킨다. 이것은 무엇으로 해명할 것인가?

지식인들이 굉장히 명철한 것 같으면서도 가장 잘 속는 부분이 있다면 엉터리를 잘 믿는다. 특히 귀신부분에 있어서는 부정(不定)하면서 겁을 먹고 있다

에레미야 19장 9~10절
「아들, 딸, 친구를 잡아 그 고기를 먹게 하겠다.」

15 노아의 저주

창세기 9장 20절-29절

20. 노아가 농업을 시작하여 포도나무를 심었더니 21. 포도주를 마시고 취하여 그 장막 안에서 벌거벗은지라 22. 가나안의 아비 함이 그 아비의 하체를 보고 밖으로 나가서 두 형제에게 고하매 23. 셈과 야벳이 옷을 취하여 자기들의 어깨에 메고 뒷걸음쳐 들어가서 아비의 하체에 덮었으며 그들이 얼굴을 돌이키고 그 아비의 하체를 보지 아니하였더라. 24. 노아가 술이 깨어 그 작은 아들이 자기에게 행한 일을 알고 25. 이에 가로되 **가나안은 저주를 받아 그 형제의 종들의 종이** 되기를 원하노라. 26. 또 가로되 셈의 하나님 여호와를 찬송하리로다 가나안은 셈의 종이 되고 27. 하나님이 야벳을 창대케 하사 셈의 장막에 거하게 하시고 가나안

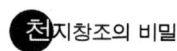

은 그의 종이 되게 하시기를 원하노라 하였더라. 28. 홍수 후에 노아가 삼백 오십 년을 지냈고 29. 향년이 **9백 5십 세에 죽었더라.**

노아를 홍수에서 구원해 낸 것은 **노아는 완전한 의인이요 완전(完全)한 사람이라고 했기 때문이다.** 완전하다는 사람이 술 취하여 벌거벗고 잠을 자며, 깬 후에 자신의 큰아들을 저주하며 작은 아들의 종의 종이 되기를 기원하는 내용이다.

살생의 다섯가지 죄업
 1) 자살(自殺) : 자기 자신이 상대를 직접 죽이는 것
 2) 교인살(敎人殺) : 남을 시켜 죽이는 것(청부살인)
 3) 방편살(方便殺) : 살생도구를 만드는 것
 4) 인연살(因緣殺) : 직·간접의 원인이 되어 죽이는 것
 5) 주살(呪殺) : 저주하여 죽이는 것. 죽으라고 저주하는 것

16 소돔과 고모라의 심판

창세기 19장 1-38절
1. 날이 저물 때에 그 두 천사가 소돔에 이르니 마침 롯이 소돔 성문에 앉았다가 그들을 보고 일어나 영접하고 땅에 엎드리어 절하여 2. 가로되 내 주여 돌이켜 종의 집으로 들어와 **발을 씻고 주무시고** 일찍이 일어나 갈 길을 가소서 **그들(천사)**이 가로되 아니라 **우리가** 거리에서 경야(經夜)하리라. 3. 롯이 간청하매 그제야 돌이켜서 그 집으로 들어오는지라 롯이 그들을 위하여 식탁을 베풀고 무교병을 구우니 **그들(천사)이 먹으니라.**

이 대목은 롯이 천사를 만나 음식을 대접하는 장면이다. 천사라면 눈에 보이지 않는 어떤 영적(靈的)인 존재일텐

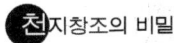지창조의 비밀

데, 롯은 두 명의 천사를 집으로 안내하여 발을 씻고 잠을 자라며 무교병이라는 떡을 대접하니 두 천사가 먹었다는 이야기이다. **육안으로 훤히 보이고 음식을 먹는 천사들의 실체를 이제는 알겠지!** 이것도 모른다면 이 책을 읽을 수준이 안 되는 미개인이 아니겠는가? 여기다가 성경의 뜻이 심오(深奧)하여 하나님의 역사(役事)를 모른다고 하면 정말로 미치고 환장할 노릇이 아니겠는가?

> 4. 그들(천사)이 눕기 전에 그 성 사람 곧 소돔 백성들이 무론 노소하고 사방에서 다 모여 그 집을 에워싸고 5. 롯을 부르고 그에게 이르되 **이 저녁에 네게 온 사람이 어디에 있느냐** 이끌어 내라 우리가 그를 상관하리라. 6. 롯이 문밖의 무리에게로 나가서 뒤로 문을 닫고 7. 이르되 청하노니 내 형제들아 이런 악을 행치 말라 8. 내게 남자를 가까이 아니한 두 딸이 있노라 청컨대 내가 그들을 너희에게 이끌어 내리니 너희 눈에 좋은 대로 그들에게 행하고 **이 사람들은 내 집에** 들어왔은즉 **이 사람들에게는** 아무 짓도 하지 말라. 9. 그들이 가로되 너는 물러나라 또 가로되 **이 놈이 들어와서** 우거하면서 우리의 **법관이** 되려하는 도다 이제 우리가 그들보다 너를 더 해하리라 하고 롯을 밀치며 가까이 나아와서 그 문을 깨치려 하는지라.

이 대목에서는 천사의 정체를 확연히 알 수 있다. 천사가 소돔에 나타난 이유도 소돔 사람들을 통하여 알 수 있다. 천사는 음식도 먹고 발도 씻고 잠을 자는 우리와

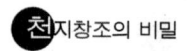

똑같은 인간이라는 점이다.

소돔 사람들은 두 천사를 보고 〈이 놈〉이라는 욕을 한다. 바로 이놈들이 함께 살면서 법관이 되려 한다는 말은, 지배를 하려고 한다는 이야기이다. 소돔 사람들은 지배를 받기 싫었다. 롯은 정체 불명의 문명인(UFO)의 종이 되는 것이다. 롯이 문명인을 숨기니까 소돔 사람들이 롯을 더 미워한다. 롯은 천사들이 어떤 사람들인 줄 아는지, 자기에게 있는 두 딸을 소돔 사람들에게 주겠다고 말한다. 준다는 이야기는 윤간(輪姦)을 해도 좋다는 뜻이다.

10. 그 사람들이(천사) 손을 내밀어 롯을 집으로 끌어들이고 문을 닫으며 11. 문밖의 무리로 무론 대소하고 그 눈을 어둡게 하니 그들이 문을 찾느라고 곤비(困憊)하였더라 12. 그 사람들이 롯에게 이르되 이 외에 네게 속한 자가 또 있느냐 네 사위나 자녀나 성중에 네게 속한 자들을 다 성밖으로 이끌어내라 13. 그들에 대하여 부르짖음이 여호와 앞에 크므로 여호와께서 우리로 이곳을 멸(滅)하러 보내셨나니 **우리가 멸(滅)하리라.**

이 대목은 여호와 하나님의 두 번째 심판의 알리는 서곡이다. 하나님은 노아의 홍수 후에 노아가 바친 번제(燔祭고기를 구워서 받침)를 흠향하고 다시는 멸하는 심판을 하지 않겠다고 약속하고 다시 심판하겠다는 이중 성격을 드러내고 있다.

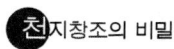

 천사들을 공공연하게 '그들'이라고 칭함을 볼 때, 보이지 않는 영적(靈的)인 것이 아니라. 살아 움직이는 사람이 분명하다. **멸(滅)한다는 것은 단순히 죽인다는 의미가 아니라 씨를 말린다는 뜻이다.**
 컴컴한 밤에 갑자기 눈을 어둡게 할 수 있는 것은 무엇일까? 후레쉬로 별안간 눈앞을 비춘다면 앞이 보이지 않는 것이 분명하지 않을까?

> 14. 롯이 나가서 그 딸들과 정혼한 사위들에게 고하여 이르되 **여호와께서 이 성(城)을 멸하실 터이니 너희는 일어나 이 곳에서 떠나라** 하되 그 사위들이 농담으로 여겼더라 15. 동틀 때에 천사가 롯을 재촉하여 가로되 일어나 여기 있는 네 아내와 두 딸을 이끌라 이 성의 죄악 중에 함께 멸망할까 하노라 16. 그러나 롯이 지체함에 **그 사람(천사)들이 롯의 손과 그 아내의 손과 두 딸의 손을 잡아** 인도하여 성밖에 두니 여호와께서 그에게 인자를 더하심이었더라 17. **그 사람들이 그들을 밖으로 이끌어낸 후에** 이르되 도망하여 생명을 보존하라 돌아보거나 들에 머무르거나 하지말고 **산으로 도망하여 멸망함을 면하라.**

 영적으로 인도하는 것이 아니라 그 사람들, 즉 천사들이 롯과 그 아내와 두 딸의 손을 직접 잡고 인도하였다는 것이다.
 하나님의 심판은 영적(靈的)으로 하는 것이 아니다. 무엇인가 강력한 폭발물로 하는 것이기 때문에 산으로 도망하

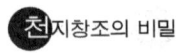 천지창조의 비밀

라는 것이다. 넓은 들에 있어도 안되고 조금이라도 머물러서는 안 된다. 꼭 산 속이나 엄폐물(掩蔽物)에 숨어야하는 것이다.

왜 산으로 도망하여야 하는지
"이사야 2장 10.19절 13장 4-5절" 보면 자세히 알 수 있다.

「너희는 **바위틈에 들어가며 진토(塵土)에** 숨어 여호와의 위엄(威嚴)과 그 광대하심의 **영광(榮光)을 피하라**. 사람이 **암혈(巖穴)과 토굴(土窟)**로 들어가서 여호와께서 일어나사 **땅을 진동시키는 그의 위엄과 그 광대하심의 영광을 피할 것**이니라. 13장 4, 5절 - **만군(萬軍)의 여호와께서 싸움**을 위하여 군대를 검열하심이로다 무리가 **먼 나라 하늘가에서 왔음이여** 곧 여호와와 그 **진노(震怒)의 병기(兵器)**라 온 땅을 멸함이로다.」

참으로 요상한 말이다. 참으로 심오한 말이다. 하나님의 영광(榮光)을 바위틈에 들어가고 진흙 속에 숨어야하는 심오(?)한 이유가 무엇일까? 영광이란 영화로운 빛이다.

여호와는 분명 먼 나라 하늘가에서 싸움을 위하여 왔다고 되어 있다. 어떤 정의(正義)와 명분(名分)을 위하여 왔는지는 몰라도 진노의 병기는 무서운 것으로 온 세계가 멸하고도 남을 만한 것이다.

정말로 영적으로 일어나는 영광(靈光)과 심판이라면 숨

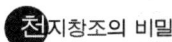 천지창조의 비밀

는다고 숨어지겠는가? 신(神)의 눈은 피할 길이 없다고 했다. 그런데 전지전능한 하나님의 심판은 바위틈과 진흙속에 숨으면 피할 수 있는 것이다. 숨으면 피할 수 있으니 참으로 형편없는 심판이다. 하나님의 눈은 밝지 못한 모양이다. 하여간 산으로 도망가면 멸망을 면할 수 있다. 여호와는 싸움을 위하여 먼 나라 하늘가에서 왔다는 것이다.

　　신필호즉(神必護則)수난처이무난(雖難處而無難)
　　"신이 반드시 보호하면 비록 어려운 곳에 있어도 어렵지 않다."

　　천불용즉(天不容則)내안방이불안(乃安房而不安)
　　"하늘이 용서하지 않으면 비록 편안한 곳에 있어도 불안한 것이다"

　이 뜻은 신이 보호하면 아무리 위험한 곳에 있어도 살아나고, 하느님이 용서하지 않으면 아무리 안전한 곳에 숨어도 안전하지 못하다는 이야기이다. 그런데 전지전능하다는 여호와 하나님이 심판하여 죽이기로 작정하였는데 산 속에 숨고 바위틈에 숨는다고 살아난다는 것이 참으로 요상하지 않은가?
　주역(周易)에 신무(神武)는 불살(不殺)이라고 하였다. 신령스러운 무기 신의 무기, 즉 하느님의 무기는 죽이지 않

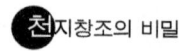지창조의 비밀

는다는 뜻이다. 그런데 여호와 하나님의 무기는 멸살(滅殺)시키는 것일까?

18. 롯이 그들에게 이르되 내 주여 그리 마옵소서 19. 종이 주께 은혜를 얻었고 주께서 큰 인자를 내게 베푸사 내 생명을 구원하시오나 **내가 도망하여 산까지 갈 수 없나이다. 두렵건대 재앙을 만나 죽을까** 하나이다. 20. 보소서 저 성은 도망하기 가깝고 작기도 하오나 **나로 그곳에 도망하게 하소서 이는 작은 성이 아니니이까 내 생명이** 보존되리 이다. 21. 그가 그에게 이르되 내가 이 일에도 네 소원을 들었은즉 너의 말하는 성을 멸하지 아니하리니 22. 그리로 **속히 도망하라 네가 거기에 이르기까지는 내가 아무 일도 행할 수 없노라 하였더라** 그러므로 그 성 이름을 소알이라 불렀더라.

도망가기가 얼마나 다급하고 오금이 저렸으면 롯이 천사에게 황망하게 간청을 했을까. 천사는 롯이 도망가기까지는 아무 일도 못한다고 했다. 정말로 하나님을 대신하는 하늘의 천사라면 인간을 심판할 일도 없지만, 정령 심판을 한다면 도망가던 가지않던 영적으로 심판하는데 무슨 지장이 있겠는가?
 다음으로 계속 읽으면 심판으로 멸망시키는 물질은 강력한 폭탄이라는 것을 알 수 있다.

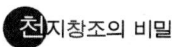

23. 롯이 소알에 들어갈 때에 해가 돋았더라 24. 여호와께서 하늘 곧 여호와에게로서 **유황과 불을 비 같이** 소돔과 고모라에 내리사 25. 그 성들과 온 들과 성에 거하는 모든 백성과 땅에 난 것을 다 엎어 멸하셨더라 26. 롯의 아내는 뒤를 돌아 본고로 소금 기둥이 되었더라 27. 아브라함이 그 아침에 일찍이 일어나 **여호와의 앞에 섰던 곳에** 이르러 28. 소돔과 고모라와 그 온 들을 향하여 눈을 들어 연기가 **옹기점 연기** 같이 치밀음을 보았더라.

유황불은 강력한 폭탄이라는 것을 한 눈에 알 수 있는 내용이다. 하늘에서 막연히 유황불이 내려 온 것이 아니라 여호와에게서, 곧 여호와가 서 있던 곳에서 유황과 불이 비 오듯 하였고, 유황과 불이 막연히 허공에서 떨어진 것이 아니라 여호와에게서 나왔고 '여호와의 앞에 섰던 곳'이란 보이지 않는 영혼적 존재의 하늘이나 하나님이 아닌 보이고 말하고 들을 수 있는 육안으로 느껴지는 여호와인 것이다. 그래서 아브라함도 여호와가 떠난 후 여호와가 있던 곳에서 바라보니 옹기점의 연기와 같았다는 것이다. 롯의 부인이 소금 기둥이 되었다는 것은 핵폭발 시에 일어나는 현상으로 일부 학자는 핵무기라고도 한다.

시편 7편 13절
죽일 기계를 또한 예비하심이여 그 만든 살은 화전(火箭)이로다.

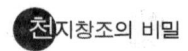천지창조의 비밀

시편18편 9-14절
9. 저가(하나님) 또 하늘을 드리우시고 강림하시니 그 발 아래는 어둑 캄캄하도다, 10. **그룹을 타고 날으심이여 바람 날개로 높이 뜨셨도다.** 11. 저가 흑암으로 그 숨을 곳을 삼으사 장막같이 자기를 두르게 하심이여 곧 물의 흑암과 공중의 빽빽한 구름으로 그리하시도다. 12. 그 앞에 **광채로 인하여 빽빽한 구름이** 지나며 **우박과 숯불이 내리도다.** 13. 여호와께서 하늘에서 **뇌성(雷聲)**을 발하시고 지존하신 자가 음성을 내시며 **우박과 숯불이** 내리도다. 14. 그 살을 날려 저희를 흩으심이여 많은 **번개로 파(破)하셨도다.**

시편 104편 3-4절
물에 자기 누각의 들보(수륙양용UFO)를 얹으시며, 구름으로 자기 수레를 삼으시고 **바람 날개로 다니시며** 바람으로 자기 사자를 삼으시며 **화염(火焰)으로** 자기 사역자를 삼으심이라.

성경의 여러 곳에서 숯불과 횃불 번개 빽빽한 구름 화전(火箭), 죽이는 기계 뇌성(雷聲)등으로 하나님은 진노를 한다. 화전이란 불화살이다. 불화살이란 재래식의 활(弓)에 의한 솜방망이 화살이 아니라. 로켓포와 같은 현대식의 무서운 무기인 것이다. 불화살을 날려 번개로 부셨다는 것은 무엇을 의미하는 것인가, 번개란 섬광(閃光)과 같은 빛을 말하는 것이다. **폭발이 일어나며 섬광이 번득이는 것은 무엇인가?**

민수기 4장 15절
행진할 때에 아론과 그 아들들이 **성소와 성소의 모든 기구**

덮기를 필하거든 고핫 자손이 와서 멜 것이니라. 그러나 **성물(聖物 : 여호와 상자, 하나님 상자)은 만지지 말지니라 죽을까 하노라.**

사무엘하 6장 6-7절
저희가 나곤의 타작 마당에 이르러서 소들이 뛰므로 웃사가 손을 들어 하나님 궤(성물)을 붙들었더니 여호와 하나님이 웃사의 잘못함을 인하여 **진노(震怒)하사** 저를 그곳에서 치시니 저가 거기 **하나님 궤 곁에서 죽으니라.**

성물(聖物)이란 성스러운 물건이다. 이 성스러운 물건을 하나님의 궤 여호와의 궤라고 하는데 궤란 상자를 말하는 것이다. 왜 성스러운 상자를 만지는데 죽을까? 그것도 부르르 떠는 진노(震怒)로 인하여 죽는 것이다. 만약에 하나님의 궤가 고성능 축전지(蓄電池)였다면 만지자 마자 부르르 떠는 진노로 즉 감전되어 죽는 것은 당연하다.

하나님 궤, 증거궤, 언약궤, 여호와 궤로 불리는 이 궤를 성물(聖物)이라 하는데 만지면 누구나 죽는다. 다만 이 상자를 만지고 메려면 세마포(細麻布)를 입고 가진 사람만이 할 수 있다.

세마포라는 말의 어원은 헬라어 '린돈' 대신에 '리돈' 곧 '돌'이라고 읽는 본문도 있는데 그렇게 읽으면 보석으로 꾸민 옷이 된다. 그러니까 석면으로 꾸민 옷을 입고 여호와 궤를 만지고 메는 것이다. 세마포를 우주복이라고 말하는 학자들이 있는데 본인 생각으로도 외계인이 입는

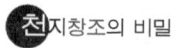 천지창조의 비밀

우주복이라 믿고 싶다.

고대 전구 사용의 벽화

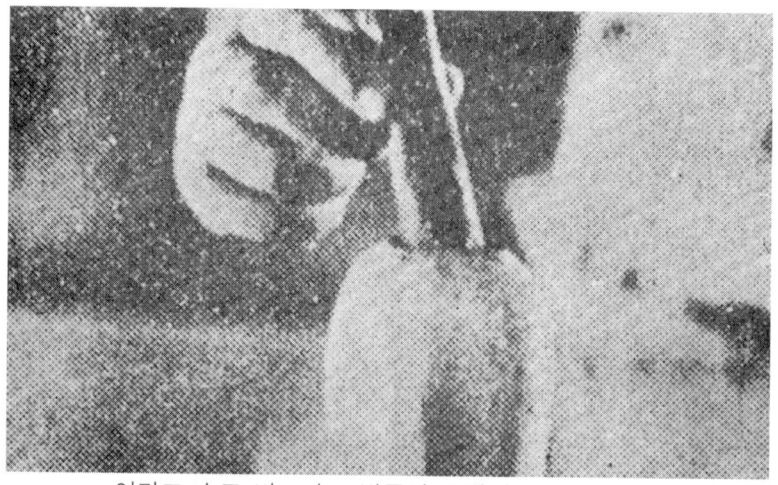

이라크 수도 바그다드 박물관 소장된 고대의 건전지

다시 창세기로 가 보자.

30. 롯이 소알에 거하기를 두려워하여 두 딸과 함께 소알에서 나와 산에 올라 거하되 그 두 딸과 함께 굴(窟)에 거하였더니 31. 큰딸이 작은 딸에게 이르되 우리 아버지는 늙으셨고 이 땅에는 세상의 도리를 좇아 우리의 배필 될 사람이 없으니 32. 우리가 우리 아버지에게 술을 마시우고 동침하여 우리 아버지로 말미암아 인종을 전하자 하고 33. 그 밤에 그들이 아비에게 술을 마시우고 **큰딸이 들어가서 그 아비와 동침하니라** 그러나 그 아비는 그 딸의 눕고 일어나는 것을 깨닫지 못하였더라.

롯이 얼마나 놀랐으면 소알에 있지도 못하고 산 속으로 도망하여 산속의 굴에 숨어서 살았을까? **부녀(父女) 상간(相姦)**이 여기서 이루어진다. 죽이고 살리는 것이 하나님의 권능일텐데 부녀상간은 하나님의 권능이 아닌가?

이쯤 되었으면 이제 여호와는 빼낼 수 없는 외계의 악질적 문명인이라는 것이 증명되었을 것이다. 영화(映畵)의 한 장면이지만 스타게이트(star gate)라는 영화 속에서 '레'라는 하나님과 흡사한 내용이다. 성경을 읽노라면 미개인들이 쓴 영화를 보는 것 같은 착각이 든다.

이 이하의 내용은 이스라엘의 씨족의 역사이므로 생략한다.

17 하느님의 뜻

 인류에게 가장 큰 불행의 서곡은 잘못된 신앙에서부터 시작된 것이다. 종교가 없었다면 그칠 줄 모르는 전쟁은 없었을 것이다. 신앙이 인류에게 구원과 희망과 미래를 가져 준 것이 아니라 공포와 좌절과 어리석음을 주었을 뿐이다.
 이스람교(회교)에서도 하나님을 믿는다. 그 하나님의 이름은 '알라'이고, 기독교에서도 하나님을 믿는데 그 이름은 '여호와'이다. 이스람교를 믿는 아랍인들은 자칭 '아브라함'의 자손이라고 한다. 기독교를 믿는 서구에서도 자칭 '아브라함'의 자손이라고 한다. 결국은 똑같은 자손이므로 이들이 믿는 하나님도 똑 같은 하나님인데 이름만 다를 뿐이다. 그런데 이들은 서로 못 잡아먹어서 안달이다. '알라'와 '여호와'는 다른 것인가?

 아버지를 부친(父親) 엄친(嚴親) 엄부(嚴父) 아빠·아범·애비·아바이 그 무엇으로 불러도 똑같은 뜻이다.

 어머니를 자당(慈堂) 자친(慈親) 모친(母親) 엄마·어멈·에미 등으로 불러도 뜻은 같은 것이다.

 사람의 몸을 몸·몸통·몸둥아리·신체·체구·육체·육신·육덕 등으로 불러도 몸을 의미하는 것이다.

 죽은 시체를 사체·시신·송장 등으로 불러도 똑같은 의미이다.

 마음을 작용에 따라 생각·정신·의식·감정·성품·성질 등으로 불러도 같은 의미의 정신이다.

 이 정신이 몸과 같이 있을 때는 살았다하고 몸을 떠나면 죽었다고 한다. 몸을 떠난 의식을 혼·혼령·영·영혼·귀·귀신·신·신령·혼백·넋 등의 이름으로 불러도 결국은 몸을 떠난 깨어있지 못한 의식의 덩어리이다.

 하느님·한울님·한님·한얼님·옥황상제·하나님 등으로 불러도 내용은 같은 것이다. 하느님과 하나님이 다르다고 한다면 아버지와 부친이 다르다고 하는 괴변과 같은 것이다.

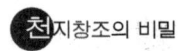지창조의 비밀

　천주(天主:하늘의 주인)·천왕(天王:하늘의 왕)·천제(天帝:하늘의 임금)·천존(天尊:하늘의 황제)·천신(天神:하늘의 신) 등은 순수 우리말로 한다면 모두가 하느님을 뜻하는 것이다.

　이 한문의 글들은 불경에 나오는 것으로 그 어느 경(經)에도 나오지 않는다. 도교에서는 옥황상제. 유교에서는 그냥 천(天)이지 인격적인 것은 없다. 상제(上帝)라는 뜻으로 쓰이기도 한다. 기독교에서는 하느님이라는 용어가 없다. 그냥 신(神:God)이다.

　기독교에서 하느님이나 하나님이라고 하면 이치에 맞지 않는 이야기이다. 영어로 God(갇)이기 때문에 번역한다면 여호와 신(神)이라고 하면 되는 것이지 여호와 하나님이라고 하면 틀리는 것이다.

　귀신이 죽고 신이 죽고 신령이 죽는다는 이야기를 들어보았는가? 마음이나 생각 의식이 죽는다는 이야기가 있던가? 마음이 죽고 생각이 죽고 귀신이 죽고 신령이 죽는다면 죽음 후에 무엇이 두렵겠는가? 천당이나 지옥이 무엇이 두렵겠는가? 죽는다면 그것으로서 끝이라 천당도 지옥도 없는 것인데 말이다.

　육신의 죽음 뒤에 죽지 않는 그 무엇이 있기 때문에 사후(死後)를 걱정하는 것이다. 죽지 않는 그 무엇은 바로 마음이며 이 마음의 집착된 생각의 덩어리가 바로 영혼

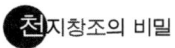

이라는 것이다. 이 생각의 덩어리가 죽을 리가 있겠는가?
 마음은 우주를 창조하고 귀신 혼령 신 신령 등과 하느님과 부처님도 만든다. 깨달으면 부처가 되고 어리석으면 하느님을 만들어 종이 된다.
 불경에는 천주 천왕 등의 하느님에 대한 이야기가 상세히 나오지만 기독교의 성경이나 유교의 사서삼경 도교의 도장경에는 부처님의 이야기는 없다. 불경에는 하느님이 부처님의 시봉자(侍奉者)라는 이야기는 있어도 성경에 부처님이 하느님의 피조물이라는 이야기는 없다.

> 돈 벌기 가장 쉬운 장사가 있다. 귀신장사이다.
> 이것은 특허 없이도 사기(詐欺)칠 수 있고,
> 고발도 안 된다. 그중에 가장 좋은 물건은
> '하느님' '하나님'이라는 물건이다.

18 하느님의 역할

사바계주(娑婆界主) 대범천왕(大梵天王)

괴로움의 세계를 사바세계라고 한다. 이 괴로움의 세계에 사는 중생들을 구제하는 역할을 하는 하느님이 대범천(大梵天)이라는 하늘의 하느님이요. 대범천의 하느님은 사바세계의 중생들을 괴로움 속에서 구원하며 보살피는 역할을 한다.

우리가 사는 세계를 고락(苦樂)이 반반(半半)이라고 한다. 괴로움과 즐거움이 반반인데 이 괴로움과 즐거움은 누가 주거나 만드는 것이 아니다. 자신들의 깨닫지 못한 생각과 욕망이 스스로를 괴롭히기 때문에 이것을 깨우쳐 주는 역할을 한다.

지거세주(地居世主) 제석천왕(帝釋天王)

지상에 거주하며 세계를 다스리는 하느님이 제석천의 하느님이다. 이 하느님의 역할도 중생을 괴로움에서 구제하는 역할을 한다.

호세안민(護世安民) 사방천왕(四方天王)

호세(護世)란 세상을 보호한다는 뜻이요, 안민(安民)이란 백성을 편안케 한다는 뜻이다. 세상을 보호하고 백성을 편안케 하는 하느님이 사방의 천왕(天王), 즉 사방의 하느님이라는 뜻이다.

사방의 하나님인 동방(東方)의 지국천왕(持國天王)인 지국 하느님은 국토를 보호하고 지지하는 역할을 하고 남방(南方)의 증장 하느님(增長天王)은 중생들의 선근(善根)을 증장시킨다. 선근과 증장이란 착한 마음과 행위를 더하고 키운다는 뜻이다.

서방(西方)의 광목천왕(廣目天王) : 광목(廣目)은 세상을 두루 잘 살핀다는 뜻이다. 선악을 잘 살피어 악은 교화하고 선은 상을 주는 것이다. 북방(北方)의 다문천왕(多聞天王)은 복덕(福德)을 충익케 해주는 하느님이다.

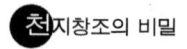

복이란 오복을 의미하는 것으로 첫째는 수명이며 둘째는 여유로운 삶이며 셋째는 건강이며 넷째는 덕망이며 다섯째는 제 명에 죽는 것이다.

『무방천당(無妨天堂)에 소왕지자(少往至者)는 삼독번뇌(三毒煩惱)로 위자가재(爲自家財)요, 무유악도(無誘惡道)에 다왕입자(多往入者)는 사사오욕(四蛇五慾)으로 위망심보(爲妄心寶)니라.』

『천당 가는 것을 누가 방해하는 것도 아닌데 적게 이르는 것은 탐욕·성냄·어리석음의 번뇌로 자기 집의 재물로 삼는 까닭이요. 악도인 지옥 아귀 축생으로 오라고 누가 유인하는 것도 아닌데 많이 들어가는 것은 이 몸의 오욕인 식욕 성욕 수면욕 재욕 명예욕으로 망령되이 보물을 삼는 까닭이다.』

이 사대천왕(四大天王)인 네 분의 하느님은 불교 사찰 입구의 사천왕문에 있는 신장(神將)님이다. 신장님인 하느님은 정법(正法)을 호지하는 역할을 하는 신장(神將)인 것이다.

그래서 진짜 하느님인 이들은 절대로 중생들을 심판하거나 벌주지 않는다. 선근(善根)과 복덕(福德)만을 증장시킬 뿐이다. 동양의 하느님은 절대로 화를 낸다든가 심판하고 진노하는 등의 마귀 같은 행위는 하지 않는다.

19 모세와 여호와 하나님의 만남

출애굽기 3장 1절부터
1. 모세가 그 장인 미디안 제사장 이드로의 양무리를 치더니 그 무리를 광야 서편으로 인도하여 하나님의 산 호렙에 이르매 2. 여호와의 사자가 떨기나무 불꽃 가운데서 그에게 나타나시니라 그가 보니 **떨기나무에 불이 붙었으나 사라지지** 아니하는지라 3. 이에 가로되 내가 돌이켜 가서 이 **큰 광경을 보리라 떨기나무가 어찌하여 타지** 아니하는고 하는 동시에 4. **여호와께서 그가 보려고 돌이켜 오는 것을 보신지라 하나님이 떨기나무 가운데서** 그를 불러 가라사대 모세야 모세야 하시매 그가 가로되 내가 여기 있나이다.

이 대목은 모세가 하나님 여호와를 만나는 장면이다. 호

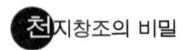

렙이라는 산에 갔을 때 하나님의 사자가 떨기나무 불꽃 가운데서 나타났다. 떨기나무에 불이 붙었으나 나무가 타지 않고 사라지지 않는 엄청난 광경을 보고 놀라는 장면이다.

나무에 전기 불이나 써-치 라이트 또는 조명등으로 비추었다면 불이 꺼질리 없고 나무가 탈리 없다. 참으로 엄청난 큰 광경이 아닐 수 없다.

출애굽이란 애굽에서 나왔다는 것이다. 이스라엘 민족이 애굽에서 종노릇 할 때 모세가 이스라엘 민족을 애굽에서 이끌어 탈출하는 내용이다. 이 탈출 과정에서 여호와 하나님은 모세를 도와 이스라엘 민족을 탈출시킨다.

애굽은 사실 이스라엘 민족의 은인(恩人)이다. 이스라엘이 흉년들어 먹을 것이 없을 때 애굽으로 이민하여 노예를 자청했던 것이다. 애굽을 탈출할 때의 역경은 이루 말할 수 없다.

탈출의 고통이 심할 때 이스라엘 민족은 오히려 애굽에 있기를 더 바랐다. 그러나 고통을 외면한 채 하나님은 모세를 도와 애굽에서 이끌어 낸다.

20 모세의 기적

출애굽기 13장 18절부터
18. 그러므로 하나님이 홍해의 광야 길로 돌려 백성을 인도하시매 이스라엘 자손이 애굽 땅에서 항오를 지어 나올 때에 19.모세가 요셉의 해골을 취하였으니 이는 요셉이 이스라엘 자손으로 단단히 맹세케 하여 이르기를 하나님이 필연 너희를 권고하시리니 너희는 나의 해골을 여기서 가지고 나가라 하였음이더라 20. 그들이 숙곳에서 발행하여 광야 끝 에담에 장막을 치니 21. 여호와께서 그들 앞에 행하사 **낮에는 구름 기둥으로** 그들의 길을 인도하시고 **밤에는 불기둥으로** 그들에게 비취사 주야로 진행하게 하시니 22. 낮에는 **구름 기둥, 밤에는 불기둥이** 백성 앞에서 떠나지 아니하니라.

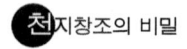

애굽에서 이스라엘 민족이 모세를 따라나올 때 여호와 하나님은 낮에는 구름기둥으로 밤에는 불기둥으로 인도했다는 것이다. 구름기둥은 무엇이며 불기둥은 무엇일까? 낮에는 연막탄 밤에는 후레쉬나 써치-라이트였다면 구름기둥이나 불기둥이라고 하지 않았을까? 영적(靈的)인 보이지 않는 하나님이라면 무엇이 아쉬워 불기둥과 구름기둥으로, 그것도 이스라엘민족에게만 했을까?

바다가 갈라지다

모세의 기적 중 바다가 갈라지는 것으로 유명하다.

> 출애굽기 14장 15-22절
> 15. 여호와께서 모세에게 이르시되 너는 어찌하여 내게 부르짓느뇨 이스라엘 자손을 명하여 앞으로 나가게 하고 16. **지팡이를 들고 바다 위로 내밀어 그것으로 갈라지게 하라** 17. 내가 애굽 사람들의 **마음을 강퍅케 할 것인즉 그들이** 그 뒤를 따라 들어갈 것이라 내가 바로와 그 병거(兵車)와 마병(馬兵)을 인하여 영광을 얻으리니 18. 내가 바로와 그 병거와 마병으로 인하여 영광을 얻을 때에야 애굽 사람들이 나를 여호와인 줄 알리라 하시더라 19. 이스라엘 진 앞에 행하던 하나님의 사자가 옮겨 그 뒤로 행하매 **구름 기둥도** 앞에서 그 뒤로 옮겨 20. 애굽 진과 이스라엘 진 사이에 이르러 서니 저 편은 **구름과 흑암**이 있고 이 편은 **밤이 광명하므로 밤새도록** 저 편이 이편에 가까이 못하였더라.

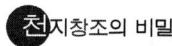

이 글 중에 **병거(兵車)와 구름기둥과 광명**의 대목을 유심히 관찰하여 읽어야 한다. 그 증거의 일환으로 이스라엘 진 앞에 행하던 하나님의 사자가 옮겨가면 구름 기둥도 옮겨가는 것이다. 또 상대편 진은 흑암으로 차있고, 즉 연막으로 어둡고 이편은 광명으로 차있어 상대가 가까이 못했다는 것은, 광명이란 전기 불과 같은 빛이다. 앞장에서 여러번 밝혔듯이 하나님의 영광은 바위틈에 숨어야하는 달갑지 않은 것으로, 여기서도 광명이란 강력한 불빛일 것이라고 생각한다.

21. 모세가 바다위로 손을 내어 민대 **여호와께서 큰 동풍으로** 밤새도록 바닷물을 물러가게 하시니 **물이 갈라져 바다가 마른 땅이** 된지라 22. 이스라엘 자손이 바다 가운데 육지로 행하고 물은 그들의 좌우에 벽이 되니 23. 애굽 사람들과 바로의 말들, 병거들과 그 마병들이 다 그 뒤를 쫓아 바다 가운데로 들어오는지라

이 대목은 모세가 바다를 가르는 것으로 유명한 모세의 기적이라는 것이다. 애굽은 지금의 이집트이다. 이집트와 이스라엘은 지정학적으로 육지로 연결되어 있고 홍해 바다와는 거리가 멀다. 바다를 건너려면 몇 100리를 빙돌아 걸어야 한다. 또한 홍해의 바다넓이가 한반도 넓이와 비슷하니까 적어도 500리는 걸어서 건너야 한다. 바닷길

이 평판하지만은 않을 것이니 하루에 100리를 걸어도 5일은 걸리니까 5일동안 물막으로 쳐있는 바다 가운데를 먹지도 않고 잠자지도 않고 건넜다는 이야기는 이미 엉터리가 아니겠는가? 몇 백리를 돌아서 바다를 건널 필요가 있겠는가? 지도를 한번 보자.

이 지도를 보면 이스라엘과 이집트는 육로로 연결되어 있다. 모세의 기적이라는 바다 가르기는 UFO의 기적으로 보면 몰라도 몇 만 명이 빙 돌아 바다로 들어갈 리가 만무하고 **바다가 갈라지는 엄청난 기적을 보고도 겁없이 추적하는 어리석은 사람들이 있겠는가?**

모순과 괴리와 허황된 말속에 UFO의 활동을 엿볼수 있

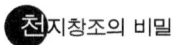

는 내용이다. 구약의 내용을 모두 일일이 읽으며 해석하는 일도 이제는 지겹다. 너무 유치해서 말이다. 신학자나 교인들은 성경의 뜻이 너무 심오해서 해석을 할 수가 없단다. 하기야 UFO를 신의 섭리나 신학으로 해석하려면 도저히 불가능한 이야기이고 부시맨이 콜라 병을 해석하려면 영원히 불가능한 것이며 해석을 했다면 괴변과 괴리가 나오며 비과학적 이론과 비도덕적 윤리가 나오기 마련이다. 그래서 이것으로 구약의 모세에 관한 내용은 마무리하자.

황당(荒唐)하면 심오(深奧)한 것으로 알고.
무지(無智)하면 진리를 거부한다.
이것이 맹신자와 식자(識者)들이 저지르는
어리석음이다.

21 만군(萬軍)의 여호와 하나님

이사야 1장 24절 2장 10절
24. 그러므로 주(主) **만군(萬軍)의 여호와** 이스라엘의 전능자가 말씀하시되, 슬프다. 내가 장차 **내 대적에게** 보응하여 내 마음을 편케하겠고 **내 원수에게** 보수하겠으며 10. 너희는 **바위틈에 들어가 진토(塵土)에 숨어 여호와의 위엄과 광대하신 이의 영광(榮光)**을 피할 것이다.

만군(萬軍)이란 많은 군대를 뜻하는 것이다. 많은 군대를 거느린 여호와 하나님이라는 것이다. 여호와 하나님은 슬퍼할 줄도 알고 기뻐할 줄도 아는 감정이 풍부한 하나님인가 보다. 하느님에게 원수가 있고 대적(對敵)이 있어

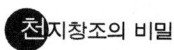

 원수를 갚겠다는 하나님이라면 무엇인가 이상하지 않은 가? 원수를 사랑하라고 가르치는 예수의 이야기는 분명 하나님의 말씀일 것이다. 그런데 이 하나님은 대적과 원수가 있어 갚겠다는 것이다.

 이 여호와 하나님의 영광(榮光)은 무서운 것이다. 바위 틈에 들어가고 흙 속에 들어가 숨어야 살 수 있는 것이다. **많은 군대를 거느리고 원수를 갚겠다는 하나님? 하나님에게 원수가 있다는 사실에 또 한번 놀라지 않을 수 없다.** 정말로 하나님이 계시다면 죽이고 심판할 일도 없을 것이며, 정말로 전지전능한 하나님이 계셔서 심판한다면 바위틈에 숨고 진토(塵土)에 숨는다고 피할 수는 없는 것이다.

 문명인의 폭탄이나 광선총 화염방사기, 기타 방사능 같은 것이라면 바위틈에 숨고 진토에 숨으면 피할 수 있는 것이다.

 이사야 6장 1-4절
 1. 웃시야왕 죽던 해에 내가 본즉 주(主:여호와)께서 높이 들린 보좌에 앉으셨는데 그 옷자락은 성전에 가득하였고 2. **스랍들은** 모셔 섰는데 각기 **여섯 날개가 있어** 그 둘로는 얼굴을 가리었고 그 둘로는 그 발을 가리었고 그 **둘로는 날며.** 3. 서로 창화하여 가로되 거룩하다 거룩하다 만군(萬軍)의 여호와여 그 영광이 온 땅에 충만하도다. 4. 이같이 창화

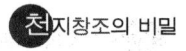천지창조의 비밀

(唱和)하는 자의 소리로 인하여 **문지방의 터가 요동하며 집 안에 연기가 충만한지라**.

옷시야왕 죽던 해에 이사야는 여호와 하나님이 보좌에 앉았는데 옷자락(날개 같은 것)이 성전에 가득했고, 날개로 나는 스랍이라는 것이 있는데 이것이 **날으는 소리로 문지방의 터가 요동을 하고 집안에 연기가 가득했다**는 것이다. 무슨 하나님이 이렇게 요란하게 날을까? 연기가 충만한 하나님의 영광 하나님께 드리는 향불의 연기는 아닐 것이다.

엔진이나 어떤 내연 기관에서 내뿜는 연기라면 집안의 문지방이 요통을 할 것이고 그 요란한 굉음의 소리는 창화의 소리로 들렸을 것이다.

그룹과 스랍과 이상(異象)은 모두가 하늘을 나는 비행체이다.

이사야 37장 15-16절
15. 여호와께 기도하여 가로되 16. **그룹 사이에 계신 이스라엘 하나님 만군(萬軍)의 여호와 주(主)는** 천하만국의 유일하신 하나님이시라 주(主)께서 **천지를 조성**하셨나이다.

시편 18편 9-14절
9. 저가 또 하늘을 드리우시고 강림하시니 그 발 아래는 어둑 컴컴하도다. 10. **그룹을 타고 날으심이여 바람날개로 높**

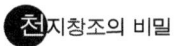

이 뜨셨도다. 12. 그 앞에 **광채로 인하여 빽빽한 구름이 지나며 우박과 숯불을** 내리도다. 13. 여호와께서 하늘에서 뇌성을 발하시고 지존하신 자가 음성을 내시며 **우박과 숯불을** 내리도다. 14. **그 살(화살)을 날려 저희를 흩으심이여 많은 번개로 파하셨도다.**

그룹 사이에 계신 하나님은 많은 군대의 여호와이며 천지를 창조했다고 한다. 이 그룹은 무엇인가? **그룹은 타고 나는 것이며** 바람 날개로 높이 뜨는 것이고, **빽빽한 구름**(연기)을 내며 뇌성도 발하고 숯불을 낸다. 숯불이 무엇인지는 몰라도 이는 젯트분사기에서 내뿜는 불꽃들이 아닐까? 얼마나 놀라고 황당했을까?

영적(靈的)인 하나님이라면 그룹이나 스랍을 타고 하늘을 날으고 번개 숯불을 내리고 뇌성을 내며 화살과 번개로 파(破)할 필요가 있겠는가? 고도의 문명인을 보았다면 노예사상이 저절로 나와 주(主)라는 표현은 아주 자연스러운 것이다. 그러므로 천지를 창조했느니 유일한 하나님이니 하는 말이 절로 나올 것이다.

22 살육(殺戮)하는 기계

정말로 우주를 창조하고 만물을 조성하신 하느님이 계시다면 무엇이 아쉬워 살육하는 기계를 손에 들고 나오게 하겠는가?

에스겔 9장 1-7절
1. 그가(여호와) 또 큰 소리로 내 귀에 외쳐 가라사대 이 성읍을 관할하는 자들로(천사들) 각기 **살육하는 기계를 손에 들고** 나아오게 하라 하시더라. 2. 내가 본즉 여섯 사람이 북향한 뒷문 길로 좇아오는데 각 사람의(여호와의 무리) 손에 살육하는 기계를 잡았고……. 3. **그룹에 머물러 있던 이스라엘 하나님의 영광(榮光)이 올라** 성전 문지방에 이르더니 여호와께서 그 **가는베 옷을 입고** 서기관으로 먹 그릇을 찬 사람을 불러 4. 이르시되 너는 예루살렘 성읍 중에 순행하여 그 가운데서 행하는 모든 가증한 일로 인하여 탄식하며

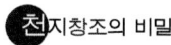
천지창조의 비밀

우는 자의 이마에 표하라하시고 5. ……아껴 보지도 말며 **궁휼을 베풀지 말고 쳐서** 6. **늙은 자와 젊은 자와 처녀와 어린아이와 부녀를 다 죽이되 이마에 표 있는 자에게 가까이 말라.**… 7. 그가(여호와) 또 그들에게(천사) 이르시되 너희는 성전을 더럽혀 **시체로 모든 뜰에 채우라.**…

 목사님들이나 전도사님들은 이구동성으로 '하나님은 당신을 사랑합니다.'라고 외쳐댄다. 물론 에스겔에 나오는 여호와 하나님과 신약에 나오는 하나님이 다른 분이라면 가능한 이야기이다.
 그룹에 머물렀던 하나님의 영광은 무엇인가? 영광은 움직이는 것이다. 영광이 올라와 문지방에 이르렀고, 하나님도 옷을 입는지 가는 베옷을 입었다고 한다. 가는 베옷은 무엇일까? 옷을 입는 하나님! 동양의 선녀들이 입는 나릇나릇 하늘하늘한 옷을 비유하는 것은 아니다. 여기서 가는 베옷은 우주복을 뜻하는 것이 아닐까?
 여기서 **그룹이란 UFO의 모선(母船)일 것**이라고 생각되며 움직이는 **영광이란 소형 정찰 우주선**이나 헤드라이트 같은 불빛이 아닐까 생각된다. 과연 하나님의 사랑이 극에 도달하여 인간의 괴로움을 조금이라도 일찍 덜어주기 위하여 남녀노소 할 것 없이 모두 죽이는 것인가? 여하튼 여호와 하나님이 천사들에게 이르기를 시체로 뜰에 가득 채우라고 한다. 이쯤에서도 하나님의 정체를 모른다면 나도 할 말이 없다.

23 인간도 제물일 땐 죽여라

인류에게 무지한 신앙이 생기면 불행의 싹이 뿌리를 내리게 된다. 영겁이 지나 인류가 멸절(滅絶)되는 날에 불행은 끝날 것이다. 그러기에 무지한 신앙에서 헤어나기는 힘든 것이다.

인간제물을 바쳤던 미개한 원시신앙이 바로 그것이다.

성경구약 레위기 27장 29절
"아주 바친 그 사람은 다시 속하지 못하니 반드시 죽일지니라"

이 말은 무엇을 뜻하는가? 하나님께 제물로 바친 그 사람은 반드시 죽이라는 것이다. 어떤 교인이 나에게 이런 말을 한다. 왜 나쁜 이야기만 골라 쓰냐고 한다. 참으로

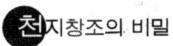

어처구니없는 이야기이다. 성스럽다는 성경에 나쁜 이야기가 있다는 것, 그 차체가 오히려 잘못된 것이 아닌가?

인류에게 가장 큰 불행의 시작은 신앙에서 비롯된 것이다. 저 먼 과거로 거슬러 올라가면 샤머니즘 토템이즘 에니미즘등의 신앙이 있었다. 그 신앙들은 한결 같이 인간 제물을 원했다. 그래도 인간 제물은 한결 나은 편이다. 왜냐하면 일년에 한 명만 죽이는 것으로 족하기 때문이다. 어리석은 신앙의 집착은 온 인류를 전쟁의 도가니로 몰아 넣는다.

과거 1600년 간의 종교 전쟁과 지금 세계가 치르고 있는 전쟁은 모두 기독교와 이스람교의 전쟁이다. 같은 하나님을 믿는 잘못된 신앙이 얼마나 무서운 것인가를 알아야 한다. 자식이 제물로 바쳐지는 부모의 입장이 되어 보면 그 쓰라린 가슴의 아픔을 어찌 표현할 것인가. 그래도 하나님이 당신을 사랑한다고 말할 것인가?

우주소년 미이라 UFO 잔해 발견

이 기사는 1994년 2월 22일 스포츠 조선의 해외토픽이다.

> 사진의 미이라는 이스라엘의 한 동굴에서 발견된 5천 8백년 전, 약 6천년 전의 우주인 미이라이다. 창세기 1장 2절에 "태초에 하나님의 신이 수면(水面)에서 운행하시다."라는 이야기는 물 표면에 불시착한것을 의미한다. 기독교의 천지 창조의 역사는 정확하게 B.C 4026년쯤이니까 지금부터 약 6천년 전으로 우주인 미이라와 일치한다. 모세, 여호수아, 아브라함, 이사야, 에스겔 다니엘 등이 목격한 하나님은 우주인이라는 사실이 명백히 증명되는 내용이다.

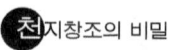 천지창조의 비밀

우주소년 미이라 UFO잔해 발견

佛 과학자 쇼킹폭로

5천 8백년전 불시착

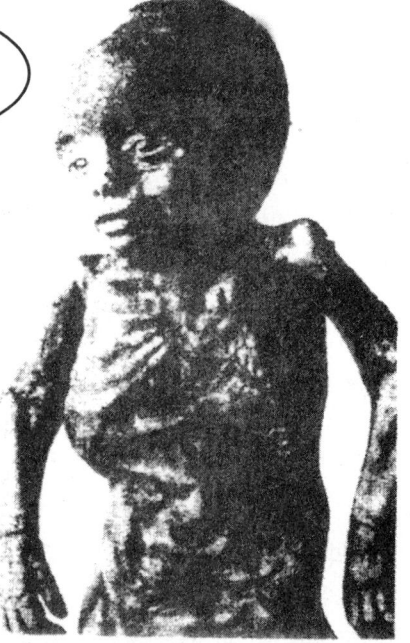

◇ 이스라엘의 한 동굴에서 발견된 것으로 알려진 외계인의 미이라. 이스라엘 정부의 함구령에도 불구하고 이를 발설했다는 프랑스 고고학자 라빌리에르 박사.

'금속처럼 단단한 뼈·2개의 심장'… 지구인과 달라 이스라엘 동굴에서 1.2m벽 뚫는 광선총도 함께 출토. 이스라엘의 한 동굴에서 발견된 외계인 미이라.

24 이스라엘의 하나님

창세기 28장 13절 46장 2-3절
13. 또 본즉 여호와께서 **그 위에 서서** 가라사되 나는 여호와니 너의 **조부 아브라함의 하나님이요,** 이삭의 하나님이라. 2. 밤에 하나님이 **이상(異像)중에 이스라엘에게 나타나시고** 불러 가라사대 야곱아 야곱아 하시는지라. 야곱이 가로되 내가 여기 있나이다 하매 3. 하나님이 가라사대 나는 하나님이라 **네 아비의 하나님이니** 애굽으로 내려가기 두려워 말라 내가 거기서 너의 민족을 이루게 하리라.

여호와 하나님께서 그 위에 서서 말했다는 것은 무엇을 의미할까? 여호와 하나님이 이상(異像) 가운데 나타났다

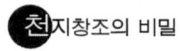

는 것은, 이상(異像)은 곧 에스겔이 설명한 UFO를 말하는 것이다.

 설령 여호와 하나님이 UFO가 아닌 찐자 신으로서 하나님이라 하더라도 이스라엘민족의 하나님이지 세계의 어느 민족과도 하등에 관계가 없는 신이다. 더구나 한민족과는 전혀 관계가 없는 것이다. 정말 참다운 신이라면 네 편 내편이 어디에 있겠는가? 신성(神性)은 자타불이(自他不二)라. 신그러운 성품은 너와 내가 둘이 아니라는 뜻이다. 한민족과 하등에 관계도 없는 여호와를 믿으며 자기의 조상인 단군성조 동상의 목을 베는 이 사람들은 과연 누구인가?

> 허공에 경계가 없는데,
> 조물주에게 네 백성 내백성이 어디에 있나.
> 인류의 평화는 이스라엘의 선민(選民)사상에서 깨졌다. 그 과보로 지금도 전쟁은 끝나지 않았다.

25 자식을 잡아먹게 하리라.

 필자에게 어느 어리석은 교인이 항의를 한다. 왜 성경의 나쁜 이야기만을 골라 쓰느냐고 한다. 그래서 나는 이렇게 말했다. 그러면 좋은 부분을 말해 보시오, 그러면 '이웃을 사랑하라는 이야기도 있지 않아요'라고 한다. 나는 그래서 이렇게 이야기했다. 믿지 않아도 이웃으로 생각하는가? 믿지 않으면 지옥에 간다고 왜 협박하는가?
 나쁜 이야기가 있다는 자체가 이미 성경이 아니며 모순이 아니겠느냐고 하면 궁색한 변명으로 일관한다. 그러면 성스럽다는 하나님의 말씀인 성경을 읽어보자.

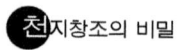

에레미아 19장 6- 11절

6. 그러므로 나 여호와가 말하노라. 보라 다시는 이곳을 도벳이나 힌놈의 아들의 골짜기라 칭하지 아니하고 살육(殺戮)의 골짜기라 칭하는 날이 이를 것이라. 7. 내가 이곳에서 유다와 예루살렘의 모계(謀計)를 무효케하여 그들로 그 **대적 앞과 생명을 찾는 자의 손의 칼**에 엎드러지게 하고 그 **시체를 공중의 새와 땅의 짐승의 밥**이 되게 하며 8. 이 성읍으로 놀람과 모욕의 거리가 되게 하리니 그 모든 재앙을 인하여 지나는 자마다 놀라며 모욕할 것이며 9. 그들이 그 대적과 그들의 생명을 찾는 자에게 둘러싸여 곤핍을 당할 때에 내가 그들로 **그 아들의 고기. 딸의 고기를 먹게 하고 각기 친구의 고기를 먹게** 하리라. 10. 너와 함께 가는 자의 목전에서 그 오지 병을 깨뜨리고 11. 그들에게 이르기를 **만군(萬軍)의 여호와께서** 이같이 말씀하시되 사람이 토기장이의 그릇을 한번 깨뜨리면 다시 완전하게 할 수 없나니 이와 같이 내가 이 백성과 **이 성(城)을 파하리니 그들을 매장할 자리가 없도록 도벳에 장사하리라.**

성스럽다는 성경에 자식을 잡아 먹게 하리라는 글이 있을 줄은 그 누구도 상상할 수 없는 일이다. 어떤 맹신자는 잘 못 본 것이 아니냐고 반격을 한다. 그러면서 비유와 상징으로 해석하려 한다.

만군(萬軍)의 여호와 하나님은 많은 군대를 거느린 전쟁의 하나님이다. 사랑이 넘치는 하나님이 아니다. 그것도 자식을 잡아먹게 하는 잔인한 무서운 보이지 않는 하나

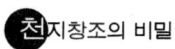

님이 아니라, 눈으로 훤히 보이는 UFO이다. UFO가 아닌 영적(靈的)인 신으로서 하나님이라면 무엇이 아쉬워 자식을 잡아먹게 하는 잔인함을 보이겠는가.

왜! 우리민족은 단군성조(檀君聖祖)의 홍익인간(弘益人間)의 훌륭한 이념을 배타하고 침략신앙 노예신앙 사대신앙을 신봉할까? 교인들이 교회를 못 떠나는 이유 중에 하나가 바로 하나님의 심판인 여호와의 진노와 징벌에 대한 두려움이 뇌리에 잠재되어 세뇌되었기 때문이다.

일체의 모든 중생과 꿈틀거리는 벌레와
영혼의 세계까지도 널리 공경하고 사랑하는 것이
부처와 보살이다.
그래서 대자대비(大慈大悲)라고 하는 것이다.

26 병신이 육갑하는 세상.

　세상에서 가장 못난 짓이 있다면 병신이 육갑하는 것이다. 기독교의 이론대로라면 하나님인 여호와가 모든 생명체를 창조했다고 한다. 잘생기고 못생기고 건강하고 허약하고 병신(病身)까지도 모두가 하나님이 창조한 것들이다.
　이 이론대로라면 잘생기고 건강하고 돈 많은 사람은 하나님께 감사해야 한다. 그러나 허약하고 돈 없고 몸까지 성치 못하다면 참으로 억울하기 짝이 없는 일이다. 자기 자신이 허약하거나 지체부자유인으로 태어나길 바란 것이 아니기 때문이다. 어떻든 기독교의 이론대로라면 모두가 하나님의 섭리에 의하여 태어난 것이 사실이다.

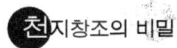

병신으로 만들어 놓고, 구원을 받을 수 있는 교회에 나오지 말라면 참으로 억울한 일이다. 여호와하나님은 분명 병신은 교회에 나오지 말라고 엄하게 꾸짖고 있다. 그런데 병신이 교회에 나가 구원을 받았다고 하는 사람들이 있다. 바로 병신이 육갑하는 것이 아니겠나?

레위기 21장 16-23절
16. 여호와께서 모세에게 일러 가라사대 17. 아론에게 고하여 이르라 무릇 너희 대대자손 중에 **육체에 흠**이 있는 자는 그 **하나님의 식물(食物)을 드리려고 가까이 오지 못할 것**이다. 18. 무릇 흠이 있는 자는 가까이 오지 못할지니 곧 **소경이나 절뚝발이나 코가 불안전 자나 지체(肢體)가 더한 자나** 19. **발 부러진 자나 손 부러진 자나** 20. **곱사등이나 난장이나 눈에 백막이 있는 자나 괴혈병이나 버짐이 있는 자나 불알이 상한 자나** 21. 제사장 아론의 자손 중에 흠이 있는 자는 나아와 여호와의 **화제(火祭)를 드리지 못할지니** 그는 흠이 있은 즉 나아와 하나님의 식물을 드리지 못하니라. 23. **장(帳)안에 들어가지** 못할 것이요, **단(壇)에 가까이** 못할 지니……

이상의 내용은 여호와 하나님이 직접 말씀하신 내용이다. 장(帳)이나 단(壇)은 지금의 교회와 같은 것이요. 식물(食物)은 먹을 음식을 말하는 것이다. 하나님도 음식을 먹고 사는 모양이다. 화제(火祭)는 구운 음식을 하나님께 드

145

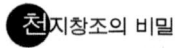

리는 것이다.

 각설하고 불알이 상한 자는 요즈음으로 말하면 생식(生殖)이 불가능한 사람을 말하는 것이다. 정관수술을 한 사람이나 불임수술을 한사람도 불알이 상한 자로 교회에 나가면 안 되는 것이다.

 이렇게 분명히 하나님이 교회에 나오지 말라고 못박아 말하였는데 여러 가지 지체부 자유인들이 교회에 나가서 성령을 받고 은총을 입었다고 간증(看證)까지 하는 것을 보면 참으로 병신이 육갑하는 세상이 아니겠는가?

 왜 하나님은 불구자들을 교회에 나오지 못하게 했을까? 하나님 여호와는 신이 아니며, 분명히 UFO의 외계인이 확실하다는 증거이다. 불결하다고 느꼈거나 노예로서 노동력의 가치가 없거나 유전학적으로 우수하지 못했기 때문이 아니겠는가?

27 원죄(原罪)와 연좌죄(連坐 罪)

 인류에게 가장 고약한 벌이 연좌죄(連坐罪)이다. 부모의 죄를 대대로 상속하여 받는 것이 연좌죄이다. 죄를 세습(世襲)한다는 것은 아무리 잘해도 죄를 모면할 수 없는 것이다. 권력을 세습한다든가 많은 재산을 유산 받는 일이라면 몰라도 죄를 세습한다는 것은 어딘지 씁쓸한 이야기이다.
 원죄란 인간은 태어나면서부터 죄인이라는 것이다.
 그 원인은 아담이 선악의 열매를 따먹었기 때문이라는 것이다. 참으로 요상한 이치이며 참으로 심오(深奧)? 하다. 죄를 조상에게 상속받았으니 죄를 또 대신 받을 사람이 필요한 것이겠지? 그 죄를 대신 받을 사람이 예수라는 것이다.

> 창세기 3장 1절-22절
> 1. 여호와 **하나님의 지으신 들짐승 중에 뱀이 가장 간교하더라** 뱀이 여자에게 물어가로되 하나님이 참으로 너희더러 동산 모든 나무의 실과(實果)를 먹지 말라 하시더냐. 2. 여자가 뱀에게 말하되 동산 나무의 실과를 우리가 먹을 수 있으나 3. 동산 중앙에 있는 나무의 실과는 **하나님의 말씀에 너희는 먹지도 말고 만지지도 말라 너희가 죽을까 하노라 하셨느니라** 4. 뱀이 여자에게 가로되 너희가 결코 죽지 아니하리라 5. 너희가 그것을 먹는 날에는 **너희 눈이 밝아 하나님과 같이 되어 선악(善惡)을 알 줄을 하나님이** 아심이니라 6. 여자가 그 나무를 본즉 먹음직도하고 보임직도 하고 지혜롭게 할 만큼 탐스럽기도 한 나무인지라 여자가 그 실과를 따먹고 자기와 함께한 남편에게도 주매 그도 먹은지라.

이상한 신앙이나 미신, 이상한 종교는 괴변과 괴리가 있게 마련이다. 그런데 그 이상한 것 앞에 지성이 있다는 사람들이,-- 교육자 대학교수 법조인 과학자 의사 철학자 등이 인간의 어리석음을 대변해주듯 더욱 열을 올리며 기독교 신앙을 맹신하고 있다. 서울시를 여호와 하나님께 바친다는 前 서울시장인 이○○씨도 여기에 속한다. 그 어리석음이란 배운 사람일수록 가히 상상을 초월할 만큼 무지(無智)하여 인류를 병들게 하는 요인이 된다. 그것도 고학력자들에게 말이다. 보이지 않는 귀신이나 신의 이야기라면 무조건 먹혀 들어가는 인간의 무지(無智)

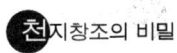 천지창조의 비밀

에서 이러한 발상이 나왔으리라 본다.

참으로 내면의 세계를 사유(思惟)하는 힘이 없는 것이다. **뱀과 인간과 하나님이 대화를 했다는** 발상이며, 뱀은 선악과를 먹어도 죽지 않는다는 것을 알고 있으나 만물의 영장이라는 인간이 몰랐다는 비론리적 이야기는 어디서 나왔는가? **뱀은 인간이 눈이 밝아 하나님과 같이 되기 바랐고 하나님은 인간이 눈이 밝은 것을 바라지 않았다는 비논리의 허구.** 눈이 어둡고 선악을 구분 못하는 인간이라면 짐승이나 뱀보다 무엇이 더 나을 수가 있겠는가?

나는 어느 교인에게 물어 보았다. 당신은 그렇게 믿음이 지극하고 충실한데 왜 못살며 질병에 고통을 받느냐고 물었더니 인간의 원죄(原罪) 때문에 그렇다는 것이다. 그러면 당신에게만 원죄가 있고 다른 사람에게는 원죄가 없느냐고 물으니 모든 인간이 다 원죄가 있다는 것이다. 왜 믿음이 강한 당신은 못살고 아프며, 믿음이 없고 불신하며 하나님을 부정하는 사람들 중에 잘 사는 사람이 있고 건강한 것은 무엇 때문이냐고 물으면, 그것은 하나님만이 아는 섭리라고 한다. 참으로 편리한 대답이다.

7. 이에 그들의 눈이 밝아 자기들의 몸이 벗은 줄을 알고 무화과나무 잎을 엮어 치마를 하였더라 8. 그들이 날이 서늘할 때에 **동산에 거니시는 여호와 하나님의 음성을 듣고** 아담과 그 아내가 여호와 하나님의 낯을 피하여 동산 나무 사이에 숨은지라 9. 여호와 하나님이 아담을 부르시며 그에

149

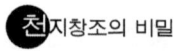지창조의 비밀

게 이르시되 네가 어디 있느냐 10. 가로되 내가 동산에서 하나님의 소리를 듣고 내가 벗었으므로 두려워하여 숨었나이다. 11. 가라사대 누가 너의 벗었음을 네게 고하였느냐 내가 너더러 먹지 말라 명한 그 나무 실과를 네가 먹었느냐 12. 아담이 가로되 하나님이 주셔서 나와 함께 하게 하신 여자 그가 그 나무 실과를 내게 주므로 내가 먹었나이다.

여호와 하나님은 에덴동산이 어떤 것인지는 몰라도 그곳에서 걸어다니는 인간과 같은 모양으로 유유자적하는 모습이다. 참다운 신성(神性)이나 신(神)이라면 인간의 육안으로는 볼 수 없는 것이다. 그런데 인간과 같이 걸어다니며 인간이 벌거벗고 다니며 벌거벗은 줄 모르는 인간의 모습을 하나님이 보기에 좋았나보다.

13. 여호와 하나님이 여자에게 이르시되 네가 어찌하여 이렇게 하였느냐 여자가 가로되 **뱀이 나를 꾀므로** 내가 먹었나이다. 14. 여호와 하나님이 뱀에게 이르시되 네가 이렇게 하였으니 네가 모든 육축(六畜)과 들의 모든 **짐승보다 더욱 저주를 받아 배로 다니고 종신토록 흙을 먹을지니라.** 15. 내가 너로 **여자와 원수가 되게 하리니** 여자의 후손은 네 머리를 상하게 할 것이요 너는 그의 발꿈치를 상하게 할 것이니라 하시고 16. 또 여자에게 이르시되 내가 네게 잉태하는 고통을 크게 더하리니 네가 수고하고 자식을 낳을 것이며 너는 남편을 사모하고 남편은 너를 다스릴 것이니라 하시고 17. 아담에게 이르시되 네가 네 아내의 말을 듣고 내가 너더러 먹지 말라한 나무의 실과를 먹었은즉 땅은 너로 인하여 저주를 받고 너는 종신토록 수고하여야 그 소산을 먹으

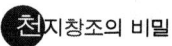

리라. 22. 여호와 하나님이 가라사대 보라 이 사람이 선악을 아는 일에 **우리 중 하나 같이 되었으니** 그가 그 손을 들어 **생명나무 실과도 따먹고 영생할까 하노라.**

여호와 하나님은 한 분이 아니라 여러 명이라는 것이 분명 누누이 밝혔다. 22절에 '이 사람이 선악을 아는 일에 **우리 중 하나 같이 되었다**'는 것이다. 더구나 생명나무가 무엇인지는 몰라도 **영생(永生)할까 걱정하는** 내용이다. 영생하는 것이 죄라면 인간의 구원은 물 건너 간 이야기이다.

기독교의 근본이 무엇인가? 믿음과 구원이 아닌가? 구원이란 내세에 하늘나라에서 영생하는 것이다. 창세기 6장 2절에 하느님의 아들들이 인간의 딸들의 아름다움을 보고 결혼하여 아들 딸들을 낳았다고 되어 있다. **영생할까 걱정하는 것은 인간이 영생하면 안 된다는 뜻이다.** 그런데 어찌 구원이 있겠으며 구원이 된다한들 하늘나라에서 영생하는 것은 아니다. 바로 하나님은 인간이 영생하는 것을 바라지 않았다는 확실한 대목이다.

하나님이 뱀에게 저주를 하는 대목이 참으로 재미있다. 하나님이 뱀을 저주하기 전에는 사람과 말도 하고 걸어 다녔던지 아니면 서서 다녔던 모양이다. 저주를 하니 땅에서 기게 되어있고, 흙을 먹으라고 했는데 뱀이 흙을 먹는 일은 없다. 뱀은 초식동물도 아니고 육식동물인데 어

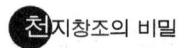 천지창조의 비밀

떻게 흙을 먹는지 모르겠다.

 이쯤 되면 성경이 어떻게 지어졌는지 알만도 한데 모른다면 이 책을 읽은들 무슨 도움이 되겠는가? 노파심에서 말한다. 성경은 하늘에 계신 하느님의 말씀이 아닌, 미개인에 의한 미개한 생각에 지었다는 것을 단번에 알 수 있는 것이다.

 성경을 썼던 사람들이 얼마나 미개했는지를 알 수 있는 내용이 아닌가? 그 미개한 내용을 현대의 문명인 중에 엘리트라고 자처하는 지식인이 믿는 것은 예를 들면 영화속의 부시맨의 후예들이 믿는 것과 무엇이 다르겠는가?

 유교에서는 하늘에 죄를 지으면 빌 곳이 없다고 하였다. 죄인이 어찌 하늘을 피할 수 있으며 더구나 하느님께 지은 죄를 용서받을 수 있겠는가?

  획죄어천(獲罪於天) 무소도야(無所禱也)
  하늘에 죄를 지으면 빌 곳이 없다.

 불교에서 말하는 죄의 개념을 알아보자.
  아석소조제악업(我昔所造諸惡業)
  개유무시탐진치(皆由無始貪瞋癡)
  종신구의지소생(從身口意之所生)
  일체아금개참회(一切我今皆懺悔)

  내가 지난 동안 지은바 모든 악업은
  시작 없는 탐욕과 성냄과 어리석음으로 인하여

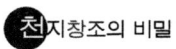

몸(행동)과 입(말)과 뜻(생각)을 쫓아 지은바 되었으니
내가 지금 일체의 모든 것을 참회합니다.

 죄는 누가 주는 것이 아니라 자신의 행동에 의하여 탐내고 성내고 어리석음으로 인한 것이다. 이것을 마음의 세 가지 독소인 삼독이라 한다. 줄여서 탐(貪) 진(瞋) 치(癡)라고 한다. 살생(殺生)하고 훔치고, 삿된 음행을 하고, 거짓말하고 사기 치고 이간질하며 욕하며 탐애하고 성질내고 미련한 짓을 하는 것이다.

　　죄무자성종심기(罪無自性從心起)
　　심약멸시죄역망(心若滅時罪亦亡)
　　죄망심멸양구공(罪亡心滅兩俱空)
　　시즉명위진참회(是即名爲眞懺悔)

　　죄는 본래 성품이 없는 것으로 마음 따라 일어나니
　　마음 한번 없어지면 죄업 역시 사라지네
　　죄도 업도 없어지고 마음 또한 공하여야
　　이것을 이름하여 진실한 참회라고 한다.

 죄에는 성품이나 성질이 있는 것이 아니라 마음 따라 생기는 것이기에 누가 시키거나 주는 것이 아니며 더구나 용서되는 일이 아니다. 죄는 자신의 마음이 청정하고 깨끗하게끔 마음을 비우는 일이 죄를 없애는 길이 되는 것이다.

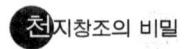천지창조의 비밀

　그래서 백겁 동안의 긴 세월을 거쳐 쌓은 죄업이라 할지라도 한 생각에 몽땅 없어지는 것이다. 마음의 신묘한 이치를 깨달아 마음을 비우지 않는 다면, 공(空)의 이치를 체득하지 못한다면 누가 용서한다고 죄가 없어지는 것은 아니다. 스스로가 용서치 못하는데 누가 용서를 한다는 말인가? 그렇다고 자위(自慰)한다고 되는 것은 아니다. 다음의 글이 이것이다.

　　　백겁적집죄(百劫積集罪)
　　　일념돈탕진(一念頓蕩盡)
　　　여화분고초(如火焚枯草)
　　　멸진무유여(滅盡無有餘)

　　　백겁 동안 쌓인 죄업이
　　　한 생각에 몽땅 없어져서
　　　마른 나무 불태운 듯
　　　흔적조차 없어진다.

　마음은 신묘(神妙)한 것이며 마음의 공(空)한 이치를 터득하면 참으로 대 자유인(自由人)이 되는 것이다.
　시간이란 변화의 연속이며 흐름의 연속이다. 무수히 많은 세월, 백겁 동안 이 쌓인 죄를 없애려고 한다면 백겁이 지난들 어찌 없어지겠는가? 마음의 작용과 이치를 깨닫지 못하면 세월이 갈수록 죄업은 더욱 쌓일 뿐 죄업을 없애기는 힘든 것이다.

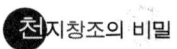

그렇다고 하느님이나 부처님이 죄를 용서하고 죄업을 없애주는 것은 더욱 아니다. 참다운 하느님이 계시다면 대자연의 이치와 상생의 원리를 하느님의 섭리로 알고 깨닫고 실행하게끔 하므로 죄가 없어지게 하고 선업이 증장되는 이치를 가르쳐 주는 것이다. 부처님의 말씀대로 마음의 세 가지 독소(毒素)인 탐욕과 성냄과 어리석음을 없애는 것이 죄업에 대한 진정한 용서이며, 마음의 공(空)함을 깨닫는 것이 진정한 참회인 것이다.

그래서 공(空)한 이치를 깨달으면 백 겁 동안 쌓인 죄업이라도 한순간에 없어져서 마른 풀을 태운 듯이 흔적도 없는 것이다.

창세기 11장 6-9절
6. **여호와께서 가라사대** 이 무리가 한 족속이요 언어도 하나이므로 이같이 시작되었으니 이후로는 그 경영하는 **일을 금지할 수 없으리로다.** 7. 자 **우리가 내려가서** 거기서 그들의 언어를 **혼잡케 하여 그들로 서로 알아듣지 못하게 하자 하시고** 8. 여호와께서 거기서 그들을 온 지면에 흩으신 고로 그들이 성 쌓기를 그쳤더라 9. 그러므로 그 이름을 **바벨이라 하니** 이는 여호와께서 거기서 온 땅의 언어를 혼잡케 하셨음이라 여호와께서 거기서 그들을 온 지면에 흩으셨더라.

또 재미있는 이야기이다. 여호와 하나님은 인간의 행복한 모습을 못 보는 모양이다. 인간들의 언어가 하나가 되고 성을 쌓으니 하나님이 통솔하기 어렵다는 것이다.

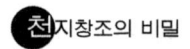

인간이 경영하는 일을 금지할 수 없다는 것은 통솔이 어렵다는 이야기이며 하나님의 능력의 한계를 보인 것이다. 그래서 하늘에 계신 하나님이 '자, **우리가 내려가서 인간들을 사방으로 흩어버리자**' 는 이야기이다. 여호와 하나님은 한 분인 하나님이 아니라 여러 명의 하나님인 여호와의 무리인 것이 틀림없다. '**우리가 내려가서--자**' 그것이다.

인간은 지혜로우면 여호와 하나님께 죄가 되는 것이다. 그렇기 때문에 **고린도전서 1장 19절**에 "내가 지혜 있는 **자들의 지혜를 멸(滅)하고 총명한 자들의 총명을 폐(廢) 하리라.**"

확실히 여호와의 세계 좀더 확실히 말하면 외계인 여호와는 인간의 의지와 지혜와 총명을 싫어하고 말살시키려고 무단히 노력하고 종과 노예로서 인간을 부려먹으려고 한 것이 자명하다.

영화의 한 대목이지만 "스타게이트(Star gate)"라는 영화를 보면 다른 지구와 유사한 다른 혹성에 인간 노예를 부려먹는 '레'라는 하나님의 이야기이다. 인간의 문명이 발달하여 결국은 인간의 손에 의하여 '레'라는 하나님이 죽는 내용이다.

28 영원한 사기꾼

 세속법은 알고 하면 죄가 많고 모르고 하면 죄가 적다고 한다. 그러나 알고 하면 죄가 적고 모르고 하면 죄가 많은 것이 있다.
 모르고 훔치면 죄가 적고, 알고 훔치면 죄가 많다. 이것이 사회의 통념적인 세속법이다. 모르고 훔치면 죄가 많고, 알고 훔치면 죄가 적다. 이것이 진리의 법이다.
 사기나 거짓말을 알고 하면 죄가 많고, 모르고 하면 죄가 적다. 이것이 세속법이다. 그러나 진리의 법은 알고 하면 죄가 적고 모르고 하면 죄가 많다.
 왜 그런가하면 알면 나쁜 것인 줄 알기 때문에 언젠가

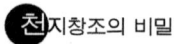
지창조의 비밀

는 뉘우치고 중지하게 되고, 모르면 나쁜 줄 모르기 때문에 뉘우칠 줄 몰라 계속하게 된다.

그래서 모르고 하는 죄는 큰 것이다. 알게 될 때까지의 시간은 거의 영원할 수 있다. 미신적 신앙에서는 더욱 영원할 수 있다.

절대의 신이 있는지 없는지 또는 깨달음과 구원이 있는지 없는지 본인도 모르며 목청 돋워 믿으라고 외칠 때 본인도 속는 것이요 남도 속이게 되는 것으로 진짜 큰 사기요 영원히 지울 수 없는 영원한 사기 중에 사기인 것이다.

자신이 속으면 자신이 깨달을 때까지 남을 본인도 모르게 속임 속으로 끌어들이는 것이다. 그래서 영원한 사기인 것이다. 특히 신앙 면에서는 더욱 더 그렇다.

이 자기 자신을 자신도 모르게 속이는 것은 참다운 지혜가 없기 때문이다. 참다운 지혜를 가로막는 것은 섣부른 지식 때문이다.

고학력일수록, 교사 교수 의사 과학자 철학자 법학자 등 온갖 지식인들의 도그마(dogma)는 더욱 더 영원할 수 있다. 그 죄는 무식한 사람보다 더욱 큰 것이다. 식자(識者)의 어리석음은 여러 사람을 어둠으로 이끄는 결과를 가져오는 것이다.

우리 모두가 참답게 알지 못하고 진리를 잘못 가르친다면 어쩔 것인가? 서구의 양대 신앙은 지구가 멸망하고 인

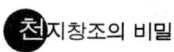

류가 멸망하더라도 육신이 없는 저 세상의 영혼들이 깨달을 때까지 허공의 영혼의 세계에서 계속 싸울 것이다.

그래서 모르면 인류를 멸망시키는 영원한 사기가 되는 것이다. **영혼이 영원히 사기 당하는 일이 있어야 되겠는가?**

지구가 돌지 않는다고 기독교에서 가르치고 있을 때, 지구는 여전히 돌고 있었고, **하나님과 예수님이 당신을 사랑한다고 가르치고 있을 때 기독교의 침략 전쟁은 세계 곳곳에서 자행되고 있었다.**

엄밀히 따지면 인류의 불행은 잘못된 신앙에서부터 시작되었으며 특히 기독교의 출현으로 세계 문화유산의 파괴와 전통문화의 말살과 인종의 학대가 극대화 되었다.

양심적 병역거부라는 요상한 말도 있다. 거부나 기피는 사실 같은 것이다. 남이 바람 피우면 불륜이고 내가 바람 피우면 로맨스라는 뜻과 일맥상통하는 말이다.

기독교 성경에 믿지 않는자는 죽이라고 되어 있는데 병역을 기피하며 양심 운운하는 것은 그야말로 **철면피와 같은 영원한 양심 사기꾼이 아니겠는가?**

이 책에서 증명하듯이 성경은 100% 외계인 목격 기록서라고 할때 지금까지 믿으며 남에게 믿음을 강요한 목회자나 신학자 또는 정치인은 영원한 사기꾼이며 씻을 수 없는 인류의 죄인이라고 아니할 수 없다.

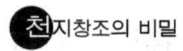

심령부흥회

심령부흥회를 하며 박수치고 울부짖고 아우성대며 성령을 후끈하게 받았다고 길길이 날뛰고 통곡하며 입에 거품을 토하는 이들에게 과연 성령이 임한 것인가? 아니면 잡귀신이 들린 것인가?

 잘 생각해보자!

 성령이 충만하다는 이들은! 성령을 받았다는 목회자들은 잡신들린 무당인가 아니면 UFO의 사도인가?

성령(聖靈)이라는 것도 바이블에서는 UFO를 지칭한 것으로 성령이 충만하다는 것은 결국 잡신(雜神)들린 헛소리라는 것을 증명하는 것이다. 방언이라는 것은 고약한 잡신들린 헛소리이니 정말 웃기는 헛소리가 아닌가?

29 신약(新約)성서의 편찬과정

 신약 27편중 14편을 사도 바울이 썼으니까 바울을 모르면 기독교의 신약을 알 수 없는 것이다. 필자는 사도 바울을 연구하는데 수년이 걸렸다. 그래서 기독교 성서의 정통한 학자들은 기독교를 바울교라고도 한다.
 신약 27편 중 **제일 먼저 쓰여진 책**이 예수 사후(死後) 30년 후에 바울이 쓴 고린도전서이다. 기독교의 갑작스러운 전도는 오로지 **사도 바울**의 역할이 제일이다.
 기독교인이 듣기에는 좀 거북스럽겠지만 예수가 죽을 때 신통하게 죽은 것도 아니고 부활을 확실하게 목격한 사람도 없다. 예수의 기적도 수많은 대중 앞에 이루어졌

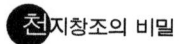

던 것이 아니며 몇몇 사람의 믿는 자들로 하여금 전하여 졌다고 볼 수 있으므로 믿기가 어려운 것이다.

　예수가 죽을 때 제자들이 예수를 부인하고 예수를 따르는 자가 없었던 것으로 보아 예수의 기적은 참으로 믿기 어려운 것이었을 것이다. 죽은 자를 살리고 부활을 하는 하나님의 아들임을 믿는 다면 무엇이 두려워 부인을 하였을까?

　그런데 참으로 묘한 일이 있다. 예수를 부인하던 제자들이 갑작스럽게 돌아선 것이다. 무엇인가 상상을 초월한 놀랄만한 사건을 목격하고 급박함을 느껴 전도에 전념했다고 볼 수 있다.

놀라면 의식이 분명치 못하다.
놀라서 글을 쓰면 횡설수설한다.

30 갑작스러운 전도와 복음서의 편찬

 예수를 부인하였던 제자들이 갑작스럽게 돌아선 이유는 무엇일까? 예수의 기적과 부활일까? 아니면 하나님의 권능일까?
 예수가 살아있을 때 죽은 자도 살리고 난치의 불구자도 고치는 기적을 많이 행하였어도 예수가 죽을 때, 자신의 신변이 두려워 스승인 예수를 배반한 제자들이다. 그러는 가운데 많은 사람들이 예수를 조소하며 비난까지 한 것을 보면 예수의 기적은 믿을 만한 것이 못되는 것이 분명하다고 볼 수 있다.
 죽은 자를 살리고 난치의 불치병을 고치는 기적을 행하

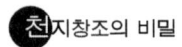

는 것을 목격한 제자들이라면 서로 앞다투어 스승을 대신하여 죽겠다고 자청하는 것이 인지상정이며 도리가 아니겠는가?

그러면 왜, 제자들이 예수가 죽은 후 죽음을 무릅쓰고 선교에 전념하여 세계에 퍼지게 한 이유는 무엇일까. 예수교가 급격히 전 세계에 전도된 이유는 무엇일까?

이것이 불가사의라면 불가사의이다.

필자는 이 문제로 10여년을 고심했고, 고심 끝에 한 때는 예수교가 전파 된데 대하여 예수의 신성(神性)을 인정한 때도 있었고 신앙심이 조금은 발동도 했다. 그러나 대개의 학자들은 유대민족들이 사방으로 흩어지게 된 것이 동기라고 하나, 세계적으로 전도 될만한 그 시대의 큰 기적적인 상황이 없었으면 전도될 수가 없었던 것이다.

전도의 이유를 사도 바울에게 찾으면 제일 간단하다.

사도 바울은 신약 27편중 사도행전, 로마서, 고린도전서·후서, 갈라디아서, 에베소서, 빌립보서, 골로새서, 데살로니카전서·후서, 디모데전서·후서, 디도서, 빌레몬서등 신약의 반이 넘는 많은 저서를 남겼다. 바울이 쓴 신약의 내용은 거의가 각 교회에 보내진 편지들이다.

예수의 제자들 대부분이 무식한 천민 출신으로 좀 단순하다고 볼 수 있으나 바울은 한때 관원 노릇을 한 지식인이라는 점이다. **바울은 예수를 한번도 본적이 없으며,**

예수의 추종자들을 핍박하고 교인들을 학대하여 죽게끔 만들었던 장본인이다.

그런데 바울은 예수가 죽은 후 갑작스럽게 충실한 사도로 급변하게 된다. 그 이유가 무엇일까?

이 문제에 봉착하여 필자는 10여 년을 연구에 골몰했다. 성경을 앞뒤로 탐독을 하고도 해답을 얻지 못했다. 그러던 중에 성서 외전(外典)에 나오는 **바울 묵시록을 읽고서야** 의문은 풀렸다. 그러면 바울이 쓴 신약(新約)의 내용을 살펴보자.

사도행전 22장 4~9절
4. 내가(바울) 이 도(예수교)를 **핍박하여 사람을 죽이기까지 하고 남녀를 결박하여 옥에 넘겼노니** 5. 이에 대제사장과 모든 장노들이 내 증인이라 또 내가 저희에게서 다베섹 형제들에게 가는 공문을 받아 가지고 거기에 있는 자들도 **결박하여 예루살렘으로 끌어다가 형벌을 받게 하려고** 가더니 6. 가는데 다베섹에 가까웠을 때에 정오쯤 되어 **홀연히 하늘로서 큰 빛이 나를 둘러 비취매** 7. 내가 땅에 엎드려 들으니 소리 있어 가로되 사울아 사울아 네가 왜 나를 핍박하느냐 하거늘 8. 내가 대답하되 주여 뉘시이니까 하니 가라사대 나는 네가 핍박하는 나사렛 예수라 하시더라 9. 나와 함께 있는 사람들이 **빛을 보면서 나더러 말하시는 이의 소리는 듣지 못하니라.**

위의 내용은 사도 바울이 예수 교인들을 핍박하고 옥에

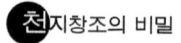 지창조의 비밀

가두고 죽이기까지 했다는 것이다. 그리고 또 형벌을 받게하기 위하여 끌고 가는 도중에 큰 변화가 일어난 것이다. 바로 **하늘에서 홀연히 큰 빛이 바울을 돌며** 비추었다는 것이다. 그 순간 바울은 혼비백산(魂飛魄散)했을 것이며 자신이 그 동안 행해온 일에 대하여 자책적인 생각이 들었을 것이며 **빛나는 물체로부터 들려오는 윙윙대는 소리**는 경책(警責)의 소리로 들렸을 것이 뻔하지 않겠는가?

영적(靈的)인 빛이 나며 하늘의 계시가 들렸다면 얼마나 좋겠으며 이 대목을 읽으면 믿음이 절로 나는 하나님의 역사요 예수의 역사가 아닐 수 없다.

그러나 이 빛과 소리는 바울의 묵시록을 읽는 순간 산산이 깨지고 만다. **바로 UFO라는 확실한 증거가 있기 때문이다.**

그러니까 같이 있던 사람들이 빛은 보았어도 꾸짖는 소리는 못 들었다는 것이 아닐까. 빛을 비추는 것은 영적으로 비추는 것이 아니라 UFO의 반짝임이 였을 것이며, 소리는 비행체의 소리였을 것이 아니겠는가? 2000년전 UFO의 소리를 들었다면 얼마나 기겁을 했을까.

정말로 하나님이 계신다면 무엇이 답답하여 빛을 비추겠는가?

　　사도행전 26장 13절
　　13. 왕이여 때가 정오나 되어 길에서 보니 **하늘로서 해보다 더 밝은 빛이 나와 내 동행들을 둘러 비추는지라.**

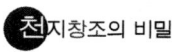

22장 4~9절과 반복되는 내용이지만 **해보다 더 밝은 빛**이 동행과 바울 자신을 두루 둘러 비추었다는 것은 빛이 집중적으로 비추었다는 것이다. 왜냐하면 우리의 지구에서는 태양보다 더 밝은 빛은 없기 때문이다.

어떤 영적(靈的)인 것이 비추었다는 것이 아니다. 영적인 빛이 비춘다면 명상(瞑想)속에서 이루어지는 것이지 길에서 걸어가다가 보이는 것은 아니다.

걸어가다가 빛이 보인다거나 신(神) 영(靈)등이 볼일 수 있는 것은 심안(心眼)이 열리거나 천안(天眼)이 열리거나 신접(神接)이 되어야 가능한 것이다. 그런데 그것도 태양보다 더 밝은 빛을 여러 사람이 바울과 함께 육안(肉眼)으로 직접 본 것이다.

사도행전 1장 9-10절
9. 이 말씀을 마치시고 저희 **보는데서 올리워** 가시니 **구름이 저를** 가리워 보이지 않게 하더라 10. 올라 가실 때에 제자들이 자세히 **하늘을 쳐다보았는데 흰 옷 입은 두 사람이** 곁에 서서..... 2장 2~4절 2. **홀연히 하늘로부터 급하고 강한 바람소리가** 있어 저희 앉은 온 집에 가득하니 3. **불의 혀 같이** 갈라지는 것이 저희에게 보여 각 사람 위에 임하여 있더니 4. 저희가 다 성령의 충만함을 받고 성령이 말하게 하심을 따라 다른 방언으로 말하기 시작 하니라.

9절에, 보는데서 올리워 갔다는 것은 들어 올렸다는 것

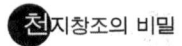

이다. 무엇이 무엇을 들어 올려 어디로 갔을까? 급하고 강한 바람소리가 있었다는 것은 무엇을 뜻하나? **급하고 강한 바람 소리는 제트기나 로켓 추진기의 음속을 돌파하는 쌩-앵 소리, 이 보다 급하고 강한 소리는 없다.**

 급하고 강한 바람 소리 즉 쌩- 소리가 나며 로케트와 같은 불길이 길게 뻗치는 것을 보았을 때 **불의 혀라고** 표현 한 것이 아닐까?

 필자가 UFO에 대비하여 비유를 하니 혹자는 UFO가 어디에 있었느냐고 의심하는 사람들이 많을 것이다. 우리가 사는 은하계 이외에 무수히 많은 은하들이 있으며 우리가 사는 은하계에만 하여도 태양보다 더 크고 밝은 태양이 4천억 개가 넘으며 그 주위에는 무수히 많은 혹성들이 돌고 있는 것이다. 고도의 문명은 시공을 초월하여 자유로이 왔다갔다하는 것이다.

 문명이나 문화를 우리가 살고 있는 현재의 시점을 시작이나 끝으로 보면 안되는 것이다. 광활한 우주는 시작도 없고 끝도 없으며 더구나 문명의 시점과 끝이 있다고 보면 안되는 것이다.

 계속 새롭게 시작되며 변화하고 사라지고 있을 뿐, 별안간에 시작되거나 끝이있어 아무것도 없는 것이 아니다. 상상도 못하는 우주의 거대한 수레바퀴가 돌고 있다고 생각하면 이해가 쉽지 않을까?

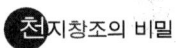

미개했던 시대에 상상을 초월하는 상황이 2,000년 전에 우리가 전혀 알지 못하는 고도의 문명을 보았다면 하느님의 권능이라고 표현하지 않을 사람이 없었을 것이며 이렇게 표현하지 않는다면 오히려 비정상적인 사람이거나 정신병자일 것이다.

사도 바울 역시 우주선을 한 두 번 목격한 것이 아니고 우주선을 여러 번 타보고 하늘을 날아 본다. 성서외전 바울 묵시록에는 우주선(UFO)를 타고 외계의 하늘을 나는 장면이 정확하게 묘사되고 있다.

사도행전 10장 1~4절
1. 가이샤라에 고넬료라 하는 사람이 있으니 이탈리아 대(隊)라 하는 군대의 백부장이라 2. 그가 경건하여 온 집으로 더불어 하나님을 경외하며 백성을 많이 구제하고 하나님께 항상 기도하더니 3. 하루는 제 9시쯤 되어 **환상(vision)중에 밝히 보매 하나님의 사자가 들어와** 가로되 고넬료야 하니 4. 고넬료가 주목하여 가로되 주여 무슨 일이니이까 …

환상(vision=異像=ufo) 가운데 밝히 보았다는 이야기는 현실적으로 인지(認知)하고 있는 상상(想像)의 능력으로는 헤아릴 수 없는 불가사의한 일이 눈앞에 직면하여 나타났을 때, 사실적으로 있었던 일을 모두 설명 못하고 환상(vision= 異像) 중에 밝히 보았다는 이야기이다.

꿈에 보는 것도 아니고 환영으로 보는 것도 아닌 것이

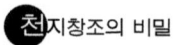

다. 현실에서의 환상(幻像:vision)이란 에스겔이나 다니엘 이사야 등이 보았던 이상(異像:vision)과 같은 것이다. 환상이나 이상은 똑같은 뜻의 vision이다. 빛나고 흰 옷 입은 사람이 홀연히 나타나는 등의 이야기는 이제 어느 정도 감을 잡아야 할 것이다.

> 고린도 후서 12장 1~2절
> 1. 무익하나마 내가 부득불 자랑하노니 주의 **환상(vision : 異像)**과 계시를 말하리라 2. 내가 그리스도 안에 있는 한 사람을 아나니 **14년전에 그가 셋째 하늘에 이끌려 간지라** 그가 몸안에 있었는지 몸 밖에 있었는지 나는 모르거니와 하나님은 아시느니라.

기독교의 근본 사상은 **하나님도 한 분이고 사람이 사는 지구도 하나이며, 하늘도 천당도 지옥도 오직 하나뿐이** 다. 그런데 하늘이 몇 개인지는 몰라도 **셋째 하늘이 있다** 는 것이다. 모순 중에 가장 큰 모순이 아닐 수 없다. 이 고린도후서는 사도 바울이 쓴 것이다. 하늘에 **올라간 것이 아니라 이끌려 갔다는 것이다.**

여기까지 읽었으면 바보가 아닌 다음에야 무슨 설명이 필요하겠는가?

31 우주여행을 하는 사도 바울.

성서외전의 '바울의 묵시록' 일부분을 읽어 보자.

1. **셋째 하늘까지 붙들려 올라간** 일이 있었다. 나는 이 사람이 육신과 함께 올라 갔는지 육신을 떠나 올라 갔는지 알지 못하지만 하나님께서는 알고 계신다. ― 그는 **낙원까지 붙들려 올라가** 사람의 말로는 표현할 수 없는 **이상한 말**을 들었다.

3. 나는 육신과 함께 **셋째 하늘까지 들어 올려졌는데** 주님께서 내게 이렇게 말씀하셨다.

12. 높은 곳에 눈을 돌리자 다른 천사가 보였다. 그 **얼굴은 태양처럼 빛나고** 또 그들은 **허리에 황금의 띠를** 두루고 손에는 종려나무의 가지와 하나님의 표적을 들고 **하나님의 아**

들이란 이름을 쓴 옷을 입고 있었다.

13. 그러자 천사는 나에게 대답하기를 아래쪽 지상을 보아라고 말하였다. 나는 **하늘에서 지상을 바라 보았는데** 그것은 내 눈에는 아무것도 없는 것이나 다름 없었다. 또 바라보니 온 세계 위에 피어 있는 **불로 된 구름**이 보였다.

16. 구름은 그를 혼란시키고 **천사는 그를 혼란하게** 하였다. ─── 그 후 **하늘의 높은 곳**에서 나는 여러 음성이 그 불쌍한 영혼을 하나님이 계시는 곳으로 데리고 오너라 ─── 그래서 그 영혼이 하늘에 들어가자 몇 백만의 천사가 그것을 보고 모두 소리를 합하여 외쳤다. ─── 그 자를 **벌을 맡아 관리하는 천사** 타르크스에게 맡겨라.

19. 나는 천사를 따라 갔다. 그는 나를 **셋째 하늘에까지 들어 올려 문 입구에 내려놓았다.**

20. 그리고 그는 나를 **셋째 하늘에서 둘째 하늘로 데리고 내려가** 또 거기서 **창궁으로 그리고 그 창궁에서 또 하늘의 입구가** 있는 곳으로 데리고 왔다.

22. 이것이 그리스도의 도읍이 있는 **아케론 호수**이다. ─── 그는 아케론 호숫가에 서 있으면서 나를 **황금 배에 태우고** 대략 삼천명의 천사가 그리스도의 도읍에 도착할 때까지 계속 내 앞에서 찬미의 노래를 불렀다.

27. 천사는 **나를 다시 붙들어** 도읍의 북쪽에 갔다놓고 포도의 강이 있는 곳으로 데리고 갔다.

29. ─ 나는 도읍의 중앙에 크고 매우 높은 제단이 있는 것을 보았다. 또 한 사람이 제단 옆에 서 있는데 그 **얼굴은 태양처럼 빛나고** 있었으며 그는 손에 찬송가와 거문고를 가지고 노래를 부르며 '할렐루야'라고 말하였다. ─ 그리고 다

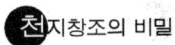

윗은 **제7의 하늘에서** 그 분 앞에 찬미를 노래하고 있다.

30. 나는 천사에게 주여 할렐루야란 무엇을 말하는 것입니까 라고 물었다. 그러자 천사는 너는 무엇이든 모두 캐묻고 싶어만 하는구나 하고 나에게 말하였다. 그리고 또 할렐루야는 하나님의 천사들의 언어인 히브리어로 그 의미는 데켈, 가트, 마리트, 마가이다라고 말하였다. — 데켈, 가트, 마리트, 마가란 우리들은 모두 하나가 되어 그분을 찬양하자라는 뜻이다.

35. 그 노인을 **네 사람의 심술궂은 천사가** 황급히 달려가서 데려다가 그 무릎까지 불의 강속에 넣고 돌을 던지며 마치 폭풍이 스치듯 그 얼굴을 상하게 하고 불쌍히 보아 주시오 라고 말하는 것도 용서하지 않았다.

36. 또 바라다보니 그 사람 가까이에 다른 한 사람이 보였다. **천사들은 그를** 황급히 데려다가 화강속에 집어 던졌는데 그는 무릎까지 들어가 있었다. 거기서 벌을 맡아 처리하는 천사가 **큰 가위를 가지고 와서 이 사람의 입술을 찢고 혀도 똑같이 찢었다.**

40. 내가 바라다보니 낡은 옷을 입은 남자들과 여자들이 보였다. 그들은 장님으로 구덩이 속에 있었다. 그래서 나는 주여 이 사람들은 누구입니까? 라고 묻자 그는 나에게 그들은 **이방인으로 남에게 은혜를 베풀기는 하나 주 하나님을 모르는 사람들이다. 그 때문에 언제까지나 그에 상응하는 벌을** 받는 것이다 라고 말하였다.

이상은 신약 외경에 나오는 사도 바울의 묵시록의 일부 내용이다. 사도 바울은 **셋째 하늘이** 무엇인지 모르지만

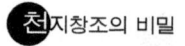

 붙들려 올라가고 들려 올라간 적이 여러 번 있었다.
 이 붙들려 올라가고 들려 올라갔다는 것은 바울이 영적(靈的)인 경험을 했다는 이야기가 아니다. **바로 육체적인 체험에 의한 것이기에, 육체적인 체험이 이뤄질려면 물리적 작용**이 아니면 안 된다. 즉 UFO가 들어올린 승선(乘船)을 의미하는 것이다. 쉽게 이야기해서 바울은 UFO를 여러 번 타 보았다는 것이다.
 태양처럼 빛나는 얼굴 모양에 허리에 황금 띠를 두르고 하나님의 표적과 하나님의 아들이란 이름을 쓴 옷을 입은 천사도 보았다는 것이다. 즉 헬멧을 쓰고 노란색의 허리띠에 글씨를 쓴 우주복이나 유니폼을 입었다면 무엇이라고 표현을 했을까?
 바울은 무엇인가를 타고 하늘에서 지상을 내려다보기까지 했으며, **셋째 하늘에 들어 올려 하늘의 문 입구에 내려놓았다는 것**이다. 하늘이 어디이며 하늘에 문이 있다는 것은 무엇인가? 하늘에 어떻게 문이 있다는 것인가?
 이것은 허공에 떠있는 UFO의 모선(母船)중에 세 번째 것을 이야기하는 것이 아닐까? 창궁(蒼穹)이라는 말이 나오는데 **창궁을 바꾸면 궁창(穹蒼)이다. 셋째 하늘, 둘째 하늘, 제7의 하늘** 등이 나오며 하늘에 문이 있다는 것은 허공에 문이 있다는 뜻인데 허공에 입구가 있겠는가? 허공에 허공을 통하는 문이 있다는 요상한 섭리로 도저히

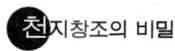

이해가 안 되는 이야기이다.

궁창이란 앞의 창세기에서 밝혔듯이 둥근 '돔dome'과 같은 모양의 거대한 유리창일 것이라고 했다. 창궁과 하늘 문은 서로 상관관계가 있는 것으로 하늘의 문은 바로 비행선의 입구이다.

어떻든 바울은 **세 번째 하늘에 붙들려 올라가 호숫가에서 배도 타고 포도가 있는 강가에도 가보았으며 제 7의 하늘에도 올라간다.**

사도 바울 역시 요한 묵시록의 범주 속에 들어 있는 것 같다. **네 사람의 심술궂은 천사가** 대두되는데 성경 전체가 그렇듯이 천사는 사람이며 그것도 좋고 **나쁜 천사가 있어** 때에 따라서는 **타락한 천사와도** 동행한다. 천사도 타락하는데 인간인들 어떻게 타락을 하지 않겠는가?

하나님을 모르는 사람은 아무리 **좋은 일을 많이 했어도 벌을 받는다**는 이야기는 성경의 신학적 한계를 보여주고 있는 것이다.

동양에서는 저승 사자도 화를 내지 않고 심술궂지도 않아 오히려 사정하면 인정도 베푸는 아량도 있다. 그런데 천사가 입과 혀를 찢는다는 극랄한 형태의 잔인성은 기독교의 한면이기도 하다.

이쯤 되었으면 사도 바울이 왜 별안간 기독교인이 되었는지를 알아야 할 것이다. 그 시대에 UFO를 타고 외계

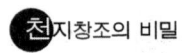 천지창조의 비밀

의 여러 행성을 돌아볼 수 있는 고도의 문명과 접했다면 어찌 하나님이라고 하지 않았겠는가?

 미국으로 유학이나 망명생활을 한 사람치고 예수교인이 아닌 사람이 없었으며, 거의 대부분 친미파가 되었고, 일본에서 생활했던 사람들은 친일파, 소련에서 생활한 사람은 공산주의가 되었다. 이것은 무엇을 의미하는가?

진정한 세계평화는 미신·광신·맹신의 타파에서 이루어진다.
그 대표적인 것이 기독교와 이슬람교이다.
세계의 구원이 아니라 인류의 구원이 아니라 세계와 인류를 함께 멸망시킬 수 있는 것이 서양의 양대신앙이다.

32 성령의 잉태는 인공수정이나 복제가 아닐까?

 예수의 성령잉태는 기독교 사상에서 빼놓을 수 없는 **가장 중요한 핵심사상**이다. 예수의 성령 잉태는 기독교의 기조로서 복음서를 통하여 알 수 있는 것인데. 복음서의 내용으로는 정확히 알기가 어렵다. 그래서 성서 외전인 **'야고보 원 복음서'**의 내용을 참조하지 않으면 안되었다.
 우리가 알기로는 예수만이 유일하게 성령으로 잉태된 것으로 알고 있으나 **사실은 성령으로 잉태된 사람들이 많다.**
 신약외경 중에 야고보의 원복음서 12장에 보면 마리아

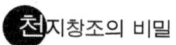

가 16세에 예수를 잉태한다. 마리아의 어머니는 '안나'이며 안나의 남편은 '요야김'이며 요야김과 안나의 사이에 아기가 없었다.

그러던 중에 두 사람의 천사가 안나에게 와서 잉태할 것을 말하였다.(야고보원복음 4장) 그러므로 두 사람의 천사에 의하여 안나가 잉태하여 출산하므로 요야김은 마리아의 친아버지가 아니다. **마리아 요한 예수**는 천사에 의하여 **성령으로 잉태된 성령의 형제들**로 의붓아버지의 손에 자란 셈이 된다.

♡ 성령으로 잉태된 사람들 ♡

성령＋안나×남편(요야김)
　↓(성령1대종)

성령＋마리아(성령잉태) 남편(요셉)
　↓(성령 2대종)
예수 (성령잉태)

성령＋엘리사벳×남편(사가랴)
　↓(성령1대종)

세례요한(성령 잉태)

이그림은 1710년 Aert De Gelder작,
Fizwillam 박물관, 캠브리지,
작품명 : 교회의 세례. 원반 모양의 물체가 예수와 요한에게 광명을 밝혀주고 있다.

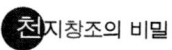

 예수를 잉태시킨 성령이나 요한을 잉태시킨 성령이나 안나를 잉태시킨 성령은 다른 것인가? 성령(聖靈)이란 성스러운 영혼이다. 성령이 다르다면 몰라도 성령이 같은 것이라면 마이라 요한 예수는 성령으로 잉태된 성령의 형제들이다.
 인간이 육체관계를 하지 않고 아이를 낳는다면 참으로 신기하고 불가사의한 일이다. 성령이나 령(靈)이나 혼(魂) 귀신 등은 보이지 않는 정령(精靈)들이다. 윤리 도덕 특히 남녀의 관계와 차별이 철저했던 조선시대 사대부 부인들이나 처녀들이 실수로 바람이 나든지 아니면 강간을 당해 아이를 잉태하면 귀신이 잉태시켰다고 한다.
 이를 귀태(鬼胎)라고 한다. 귀신이 잉태 시켰다는 것과 성령이 잉태시켰다는 것과 무엇이 다를까? 영·혼·귀신·영혼·귀신·혼백 등은 아버지·아범·아빠·부친·엄친 등으로 부르는 것과 같은 것은 것으로 의미는 하나이다. 성령이 잉태시켰다는 것이나 귀신이 잉태시켰다는 것이나 무엇이 다를까? 귀태(鬼胎)나 성령태(聖靈胎)는 같은 것이다.
 천사들에 의하여 성령으로 잉태되었다는 것과 창세기에 나오는 하나님의 아들들이 인간의 딸들의 아름다움을 보고 아내로 삼았다는 이야기는 일맥상통하는 이야기이다. 성령의 잉태는 외계인과의 성적 관계가 아니면 인공수정이나 시험관 아기가 아닐까?

33 예수의 출생과 성령(聖靈)잉태

　예수의 성령잉태와 예수가 여호와 하나님의 아들이라는 이야기나 구세주라는 이야기의 **근거는 모두 성경에 의한** 것이다.

　그러므로 성경에 근거한 내용에서 성령잉태의 모순과 하나님의 독생자라는 이야기, 또는 구세주라는 이야기가 성경책에서 엉터리라는 것으로 입증될 때 성경의 내용은 일호의 가치도 없는 것이다.

　요한 계시록의 맨 첫 머리에 "**예수그리스도의 계시라 이는 하나님이 그에게(예수) 주사 반드시 속히 될 일을 그 종 요한에게 보이시려고 그 천사를 그 종 요한에게 보내

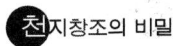

어 〈지시〉한 것이다."라고 되어 있다. 천사를 알지 못하고 예수를 알지 못하면 성경의 마지막 하이라이트라고 할 수 있는 계시록의 내용을 알 수 없는 것이다.

예수의 출생에 관하여 하나님의 말씀이며 계시서인 4대 복음서의 내용이 모두 다르게 표현되고 있다.

마태복음서에서는 예수의 족보가 처음 나오며, 마리아가 요셉과 정혼(定婚)하고 요셉과 동거하기 전에 **성령으로 잉태된** 것으로 기록되어 있으며, 요셉이 이 사실을 알고 마리아를 아내로 데려오기를 꺼려할 때 주(主)의 사자(천사)가 현몽하여 말하기를 "다윗의 자손 요셉아 네 아내 마리아 데려오기를 무서워 말라 저에게 잉태된 자는 성령으로 된 것이다."(마태복음 1장 18-20)

동방으로부터 박사들이 와서 유대인의 왕으로 나신 이가 어디에 있느냐고 물었으며, 그의(예수) **별을 보고 경배(敬拜)하러** 왔다(마태 2:2)고 한다. 아기 예수에 대하여 헤롯이 가만히 박사들을 불러 별이 나타난 때를 자세히 묻고 베드레헴으로 박사들을 보내며 아기에 대하여 자세히 알아보고 찾거든 내게 고하고 나 헤롯도 가서 예수에게 경배하게 하라(마태 2장 7-8절)고 되어있다.

동방박사들이 별을 보고 예루살렘에 이르러 별을 보고 왔다고 떠드니까 헤롯과 예루살렘이 듣고 소동하였으며 헤롯이 박사들을 베들레헴으로 보내어 예수를 찾게 했을

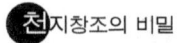 천지창조의 비밀

때 "동방에서 보던 그 별이 문득 앞에서 인도하여 가다가 아기 있는 곳 위에 머물러 섰는지라 저희가 별을 보고 가장 기뻐하고 기뻐하더라" (마태2:9-10)

이 사진은 지금부터 2000년 전에 비행선을 알지 못할 때 누가복음의 저자 누가가 그린 그림이다. 별에 불을 뿜어내는 모양은 무엇인가.

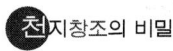

 별이 별안간 나타나고 별안간 섰다는 것은 무엇이겠는가? 별이 문득, 즉 별안간 나타나고 설 수 있는 것인가? 그래도 아직 감을 못 잡겠으면 이쯤에서 아예 책을 덮는 것이 나을 것이다.

 전에도 이야기했지만 우리가 육안으로 볼 수 있는 별들은 모두가 지구보다 크고 태양보다도 큰 별들이 대부분이다. 그것들이 어찌 별안간 나타났다 머리 위에 멈추어 있겠는가?

 이상은 마태복음서에 기록된 예수의 출생에 관한 내력이다. 마태복음 2:12~13절에 요셉이 꿈에 **"헤롯에게 돌아가지 말라 지시하심을 받아 다른 길로 고국에 돌아 가니라 저희가 떠난 후 주의 사자(천사)가 요셉에게 현몽하여 가로되 헤롯이 아기를 찾아 죽이려 하니 일어나 아기와 그 모친을 데리고 애굽으로 피하여 내가 네게 이르기까지 거기에 있으라 하시니"**

 천사가 꿈에 고국으로 돌아가지 말고 애굽으로 피하라고 가르쳐 준 것은 요셉에게 조상신(祖上神)적인 현몽으로 받아들일 수 있으나, 하나님과 천사는 구약과 신약의 여러 부분에서 밝혔듯이 UFO라는 것이 확실하다.

 그런데 무슨 현몽이고 계시가 있겠는가? 현몽이나 계시가 있었다면 잡신(雜神)들린 상태일 것이다. 왜냐하면 여호와 하나님은 UFO가 확실하니까!

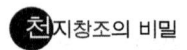지창조의 비밀

　창조주로서 하나님의 절대적 권능이 있었다면 헤롯에게 직접 현몽을 하여 예수는 하나님의 아들이니 찾지 말고 찾으면 잘 모시라고 하였으면 헤롯이 예수를 죽이기 위하여 **2살 미만의 사내아이는 죽이지** 않았을 것이다.
　물론 헤롯이 2살 미만의 사내아이를 죽였다는 것도 허망된 이야기일 것으로 본다. 2살 미만의 사내아이를 다 죽였다면 민란이나 폭동으로 헤롯이 죽었을 것이다. 헤롯은 로마의 황제도 아니고 로마의 입장에서 본다면 유대를 다스리는 지방관에 지나지 않는다. 그렇다면 헤롯이 바보가 아닌 다음에야 목숨을 건 모험을 할 리가 없다. 그러면 성경이 얼마나 모순된 조잡한 글이며 UFO의 목격기록담을 빼놓고는 지능이하의 꾸민 이야기라는 것을 알 수 있다.
　마태복음 10:29절과 누가복음 12:6~7절에
　『참새 한 마리라도 너희의 아버지(여호와 하나님)께서 허락하지 않으면 땅에 떨어지지 않는다. 아버지께서는 너희의 머리카락까지도 다 세어 두셨다. 그러니 두려워하지 말라. 너희는 수많은 참새보다 훨씬 더 귀하다.』
　이 이야기는 지구상에 일어나는 살생(殺生)은 하나님의 허락하에 이루어진다는 역설적인 이야기도 된다. 예수를 죽이기 위하여 헤롯 대왕이 **2살 미만의 사내아이를 죽였다**는 것은 성경의 중요한 대목뿐만이 아니라 인류 역사

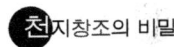

상 유례없는 유아 대학살이다.

이 대학살도 하나님의 허락하에 꾸며진 이야기가 되는 것이다.

예수 출생의 위대한 그 무엇을 돋보이기 위하여 또는 신성시하기 위하여 꾸며낸 이야기라면 몰라도 결국 아이의 죽음도 하나님의 허락하에 이루어졌다는 괴변이 성립되는 셈이다.

예수의 신성(神性) 예수의 신적(神的) 존재 가치를 한번에 인식시켰다면 투쟁과 박해와 학살 등의 처참한 꼴을 당하지 않았을 것이며, 원만한 세상이 두루 퍼져 화평하게 되었을 것이 아니겠는가?

마태복음 12:19~20절에 "헤롯이 죽은 후에 주의 사자(천사)가 애굽에서 요셉에게 현몽하여 가로되 일어나 아기와 그 모친을 데리고 이스라엘 땅으로 가라 아기의 목숨을 찾던 자가 죽었느니라"의 성경 구절은 요셉에게 도피와 회귀의 현몽은 할 수 있었어도 헤롯에게 현몽하거나 헤롯을 설득할 수 있는 힘과 지혜와 능력이 없었다는 대목이다.

천사로서 **헤롯이 두 살 미만의 아이를 다 죽일 것을 알았다면** 하나님의 능력으로 헤롯을 제지하던지 아니면 대대적인 살인이 일어나지 안게 큰 능력을 보여야 했을 것이다. 죄 없는 수많은 어린아이들이 죽을 것을 알며 예수

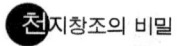

만을 살리기 위한 현몽과 같은 이적(異蹟)을 행했다는 것을 부각시키기 위한 것이 바로 성경의 모순이며 괴변인 것이며 바보스러운 저술이다.

헤롯에게 하나님의 아들이라는 것을 현몽도 하지 못하고, 헤롯이 수많은 어린아이와 사람을 죽였어도 하나님에게 벌받아 죽었다는 이야기는 없다.

부시맨이 콜라병을 하나님의 선물이라고 하며 글을 써서 하나님의 말씀이나 계시라고 하며 그 글을 후세에 하나님의 말씀인 성경이라고 한다면 얼마나 모순된 괴변스러운 일이겠으며, 그 속에서 신학을 연구한다면 괴변과 괴리와 비합리적 논리밖에 더 나오겠는가?

> 마태복음2:16
> "헤롯이 베들레헴과 그 지경에 있는 사내아이를 박사에게 자세히 알아 본 그때를 기준하여 **두 살부터 그 아래는 다 죽였다.**"

마태복음에 나타난 예수의 출생에 대한 기록은 이것이 전부이다. 성령으로 잉태되고, 별이 인도하고 꿈에 현몽하고 헤롯이 예수를 죽이기 위하여 두 살 미만의 사내아이는 다 죽였다는 것이다. 참으로 미개한 엉터리 이론적 교리 신화이다.

마가복음에는 예수의 출생에 관한 기록이 없다.

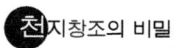

요한복음에서도 예수의 출생에 대한 기록은 전혀 없다. 다만 1장 1~3절까지 예수가 〈**하나님이요 만물의 창조자**〉로 둔갑한 사실만 있을 뿐이다. 예수가 하나님이며 절대 전능자라는 것이 복음서에 기록되어 있을 때 성경이 얼마나 앞뒤가 맞지 않는 횡설수설한 책이라는 것을 알 수 있다.

왜 이런 현상이 나타나는가? UFO를 하나님으로 착각했을 때 비합리적인 교리가 나올 수밖에 더 있겠는가?

> 요한복음 1장 1~3절
> "**태초에 말씀이 계셨으니** 이 말씀이 계시니라 이 말씀이 하나님과 함께 계셨으니 이 말씀이 곧 하나님이시니라. **그가(예수) 태초에 하나님과 함께 계셨고 만물이 그로(예수) 말미암아 지은바** 되었으니 지은 것이 하나도 그(예수)가 없이는 된 것이 없느니라."

언뜻 듣기에는 그럴 듯하다. 아무것도 없는 텅 빈 공간이 태초일텐데 무슨 말씀이 있었으며 **예수가 태초에 하나님과 같이 있었으며 모든 만물이 예수로 말미암아 창조되었다는** 것이다. 얼마나 UFO를 보고 놀랐으면 이런 괴상한 발상이 나왔을까?

34 예수의 족보

마태복음 1장 15-18절
15. 엘리웃은 에르아살을 낳고, 엘르아살은 맛단을 낳고 맛단은 야곱을 낳고, 16. 야곱은 마리아의 남편 요셉을 낳았으니 마리아에게서 그리스도라 칭하는 예수가 나시니라. 17. 그런즉 모든 대 수가 아브라함부터 다윗까지 열네대요, 18. 예수 그리스도의 나심은 이러하니라 그 모친 마리아가 요셉과 정혼하고 동거하기 전에 성령(聖靈)으로 잉태한 것이 나타나더니……

누가복음 3장 23-24절
23. 예수께서 가르치심을 시작할 때에 30세쯤 되시니라. 사람들의 아는대로 요셉의 아들이니, 요셉의 이상은 헬리요,

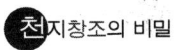

24. 그 이상은 맛닷이요, 그 이상은 레위요, 그 이상은벨기요, 그 이상은 안나요.……

이것이 예수의 족보이다. 태초에 하나님의 말씀과 같이 있었으며 만물을 창조했다는 예수의 족보이다. 교인들이 믿고 있는 성경은 일점일획도 틀림이 없다는 전지전능한 하나님의 말씀이라고 한다. 그런데 마태복음과 누가복음의 족보가 맞지 않는다.

마태복음
①엘리웃➡②엘르아살➡③맛단➡④야곱➡⑤요셉➡⑥예수

누가복음
①멜기➡②레위➡③맛단➡④헬리➡⑤요셉➡⑥예수

마태복음은 족보가 위에서 아래로 내려오고 누가복음은 아래에서 위로 추켜 올라간다. 예수의 아버지 요셉은 같은데 할아버지부터는 깡그리 틀린다. 일점일획도 틀림없다는 성경을 연구하던 신학자들 대부분이 이 대목에서 정신이상자로 폐인이 된 사건이 부지기수이다.

 엉터리인 성경을 엉터리라고 믿으면 괜찮은데 엉터리를 진짜로 믿으며 이 엉터리를 진짜로 만들자니 정신이상자나 정신분열자가 나오게 마련이다. 지금 교회의 신앙은 조직신앙이지 교리신앙이 아니다. 교리신앙을 하는 사람

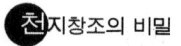

들은 거의가 탈락하던지 아니면 정신이상자가 되는 것이다. 그래서 오늘날 한국 교회는 교리신앙은 없고 조직신앙만 있을 뿐이다.

엉터리 교리로 조직적으로 선동하는 힘이 과연 하느님이 계셔서 이루어지는 것일까?

- 기사 1981년 9월 6일 주간 경향
  인간의 궁극적인 해방은 성의 해방이라고 하며 알몸의 남녀가 뒤엉켜 홀리 홀리를 찬미한 기독교 계통의 종교가 있다. 「여인들이여 당신의 팬티와 브라자를 불태우시오, 그리고 성령(性靈)을 받으시오」할렐루야 광란의 섹스 파티를 일삼는 '하나님의 자녀교'가 다시 모습을 나타내 큰 충격을 주고 있다는 이야기이다

이들의 주장은 「예수도 사실은 하나님이 마리아와 성교를 해서 낳다고 주장하고 있다.」

하나님이 인간과 성교를 할 수 있다고 주장하는 이들은 과연 어떤 교인인가? 인간과 성교를 할 수 있는 신이라면 귀몽(鬼夢)으로 이루어지는 성행위로 잡신에 불과한 것이다.

35 예수의 출생과 성장

　예수의 출생에 관하여 가장 상세히 기록된 복음서는 누가복음이다. 누가복음 1장과 2장 15절까지 세례요한과 예수의 임신 출산에 관하여 처음부터 말씀의 목격자 되고 일꾼 된 자들이 전해준 그대로 예수와 요한의 출생과 내력을 저술하려고 붓을 든 사람들이 많았다고 서술하고 있다.

　문제는 4대복음서가 모두 예수 사후(死後) 50년부터 100년 사이에 써졌다는데 있다. 마태복음은 예수 후 85년-90년에 누가복음은 70년-80년 요한복음은 90-100년 마가복음이 복음서 중에 가장 먼저 쓰여졌다고는 하나

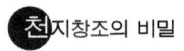
천지창조의 비밀

그것도 예수 사후 50년이다.

이렇다보면 복음서에 의한 예언이나 기적의 내용은 역사적 신빙성은 그다지 높다고 보기 어렵다.

유대왕 헤롯 때에 아비야 반열(班列)에 제사장(祭司長)인 사가랴라는 사람이 있었는데 그의 부인은 엘리사벳이라고 한다.

엘리사벳은 세례요한의 어머니요, 사가랴의 아내이지만 사갸랴가 세례요한의 친아버지는 아니다. 왜냐하면 세례요한도 예수와 마찬가지로 **성령으로 잉태되었기 때문이다.** 그 당시 하나님께 제사를 지내고 제사를 관장하는 제사장(祭司長)은 여러 명이 있었다.

제사장은 전례에 따라 제비 뽑힌 사람이 하나님의 성소에 들어가 분향하며 제물을 바치고 나머지 모든 백성은 그 분향 시간에 밖에서 기도하고 있었다. 성소(聖所)는 우리가 생각하는 제당(祭堂)이 아니고 많은 노역자(勞役者)들이 일하며 출입이 통제된 곳으로 일꾼된 자들만이 왕래할 수 있었던 곳이다.

사가랴가 분향하고 기도할 때 주(主)의 사자, 즉 천사가 사가랴에게 나타나 향단 바른 쪽에 섰는지라 사가랴가 보고 놀라며 무서워하므로 천사가 사가랴에게 이르기를 네 아내 **엘리사벳이 성령으로 잉태하여** 아들을 낳아 줄 것이니 이름은 '**요한**'이라고 하라는 것이다.

192

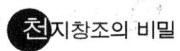

즉 성령이 충만함을 입어 성령으로 잉태하리라는 것이며 이 말을 전해 준 사람은 바로 '**가브리엘**' 천사이다. 그러면 가브리엘은 과연 누구인가? 눈에 보이지 않는 영혼 같은 것의 천사일까? 아니면 어깨쪽지에 날개 달린 사람의 형상일까?

다니엘 9장 21절에 보면

21. **이상(異像) 가운데 본 그 사람 가브리엘이 빨리 날아서**
저녁 제사드릴 때쯤 내게(다니엘)이르렀다.

이상(異像) 가운데, 다니엘은 에스겔이 본 것과 똑같은 이상(異像) 안에 탄 사람을 가브리엘이라고 했다. **이상(異像)은 그룹이며 날아다니는 비행체(UFO)이다.** 천사를 왜, 사람이라고 했으며 그 천사는 비행선 같은 이상(異像: 그룹)을 타고 다녔을까?

창세기 19장에서는 천사들을 '이 사람들' '그들' '이 놈' 등으로 많은 인명의 천사들을 가리키며, 천사와 백성들간에 싸우는 장면이 나오고 있다. 그 보복으로 소돔과 고모라는 유황불(고성능폭탄)로 심판을 받는다.

어떻든 가브리엘 천사는 이상(異像 : 그룹, UFO)을 타고 다니는 사람임에 틀림없다. 백성들이 성소, 장막이 씌어진 제단(祭壇) 밖에서 제사장 사가랴을 기다리며 성소

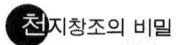

안에서 지체함을 기이하게 여겼더니 사가랴가 나와서 사람들에게 말못함을 보고 백성들이 그 성소 안에서 사가랴가 이상(異像 : 그룹)을 본 줄 알았다는 것이다.

그 후 사가랴의 부인 엘리사벳이 성령으로 잉태되고 6개월후에 천사 가브리엘이 갈릴리 나사렛이란 동네에 가서 요셉이란 사람과 정혼한 처녀 마리아에게 말하길, 네가 수태하여 아들을 낳을 것이니 이름을 '예수'라 하라고 하였다. 천사 가브리엘이 이렇게 말하니 마리아는 사내를 알지 못하는데 어떻게 잉태되는 일이 있겠느냐고 반문한다.

이에 천사가 말하길, 성령이 네게 임하고 지극히 높으신 이의 능력이 너를 덮으시리라고 하였다. 그때 마리아는 당황하였고, 주의 계집종이니 말씀대로 하라고 하며 천사 가브리엘은 떠났다. 그 후 마리아는 누웠던 상태에서 일어나 빨리 산중으로 가서 유대의 한 동네에 이르러 엘리사벳을 방문한다.

엘리사벳이 성령으로 잉태한 '요한'과 마리아가 성령으로 잉태한 '예수'는 같은 성령인가 다른 성령인가? 같은 성령이라면 이복 형제일 것이고 다른 성령이라면 성령의 종류가 여러 개 있다는 것을 증명한 셈이다.

왜 성령으로 덮치니까 일을 치른 다음 일어났다는 것일까? 달이 차서 예수를 낳고 강보에 싸서 마구간에 뉘었을 때 천사가 곁에 섰고 주의 영광이 양치는 목자들을

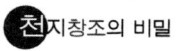

두루 비침에 크게 무서웠는데, 무서워 말라는 것이다. **영광**은 영적으로 비치는 빛이 아니라 밝게 빛나는 빛이다. 그래서 두루 비쳤다는 것이다. 그 후 홀연히 허다한 **천군 (天軍:하늘 군대)**이 그 천사 가브리엘과 함께 있어 하나님을 찬송하였고 천사들이 떠나 하늘로 올라갔다고 한다.

하늘의 군대와 영광(榮光)은 무엇일까? 영광의 두루 비침과 에덴동산에서 두루 도는 화염검(火焰劍)과는 어떤 관계일까. **후래쉬나 써치-라이트라면 두루 돌고 두루 비출 수 있는 것이다.** 정령 성스러운 령(靈)으로 잉태되었다면 얼마나 좋은 일이겠는가.

> 잘못된 출생은 인류에게 엄청난 피해를 가져 온다. 출생이란 먼- 과거에서 엔지 없는 단막의 연극을 끝내고, 새로운 연극의 장으로 무대를 바꾸는 것이다. 예수의 새로운 연극의 장은 천국일까? 지옥일까?

36 인도에서 생활한 예수의 젊은 시절

　성경의 신약에는 예수의 청년기인 13세~29세까지의 기록이 전혀 없다. "예수의 잊어버린 세월"등의 책자가 세상에 나오며 알려진 사실이다. 4대 복음서의 저작 년대는 예수 후 빨라야 50년에서 100년 사이에 지어진 신화(神話)라면, 예수의 청년기는 티베트의 두 승려와 예수가 이스라엘까지 여행한 기행문(紀行文)이라는데 신빙성이 더 있는 편이다. 복음서는 50년 후에 쓰여진 것이라면 기행문은 당시에 쓰여진 일기(日記)인 것이다.
　신화(神話)는 조작적일 수 있지만, 기행문은 역사적으로 사실에 매우 가까운 것이다.

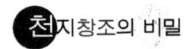

 이 기행문에 의거하여 후세에 쓰여진 "보병궁 복음서"가 전하는 예수의 인도 생활이 자세히 알려지고 있다. 보병궁 복음서의 일부를 읽어보자.

보병궁 복음서 11장 12절 16장 1-2절
12. 부처님의 말씀은 인도의 경전에 기록되어 있습니다. 이를 배우도록 하시오.
1. 요셉의 가정은 나사렛의 마미온 거리에 있었다. 이곳에서 마리아는 그 아들 예수에게 엘리후와 살로메로부터 얻은 교훈 **불경(佛經)과 힌두교의 경전인 베다를** 가르쳤다.
2. 그리하여 예수는 베다의 찬가와 아베스다 경전을 읽기를 즐겨했으나 무엇보다도 좋아한 것은 다윗의 시편과 솔로몬의 신랄한 말을 읽었다.

보병궁복음서 21장 19절 23장 3-10절
19. 예수는 그리시나신(神)을 모신 자간나스의 절에 제자로 들어가는 것이 허용되어 이곳에서 베다성전 마니법전을 배웠다.
3. 예수는 인도의 의술을 연구하려고 뜻을 세워 인도의 의사들 가운데 으뜸가는 **'우도라카'의 제자**가 되었다. 4. '우도라카'는 물·흙·식물·더위와 추위·햇빛과 그늘·빛과 어둠의 용법을 가르쳤다. 5. '우도라카'는 말한다. 자연의 법칙은 건강의 법칙이다. 이 법칙대로 살면 결코 병에 걸리는 일이 없다.…
10. 한편 자연계의 물상(物像)은 모름지기 인간의 요구에 응할 수 있게 되어 있으므로 모두가 의료의 비약(秘藥)이 된다.

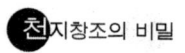지창조의 비밀

보병궁 복음서 36장 1-4절
1. 티벳트의 랏사에 한 교사를 위한 사원이 있었다. 수많은 고전(古典)의 필사본이 소장되어 있었다. 2. **인도의 성자인 '피자빠지'는 이미 이들 사본을 읽었으므로 그 내용 가운데 많은 비밀의 교훈을 예수에게 이야기해 주었다.** 그러나 예수는 자기 자신이 직접 읽기를 원했다.
3. 한편 요동(遼東) 전부의 성현 가운데 으뜸가는 **사람인 '맹그스테'가 이 티벳트의 사원에** 있었다. 4. 에모다스 고원을 횡단하는 길은 험난했지만 예수는 여행길에 올랐고 '피자빠지'는 믿을 수 있는 한 사람의 길잡이를 붙여 주었다.

　예수가 인도에 가서 힌두교와 불교 등을 배운 것은 틀림없는 사실이다. 성경 신약에 예수는 13~29세까지의 기록이 전혀 없다. 성경에 13~29세까지의 기록이 있건 없건 간에 4대 복음서 자체는 예수 사후에 50년 이상이 지난 다음 쓰여졌고, 이 기행문에 의한 기록을 토대로 쓰여진 것은 바로 그 때의 기록인 것으로 신빙성이 있다고 본다.
　예수 13~33세까지의 기록은 그 당시 예수가 죽을 때까지 동행한 티벳의 승려에 의하여 곧바로 쓰여진 기행문이라는데 진실성이 있는 것이다. 예수는 인도의 명의(名醫) 우도라카의 제자인 '피자빠지'의 제자가 되어 자연의 법칙과 치료법을 배우고 '베다' 및 불경(佛經)을 읽으며 성인(聖人) 피자빠지의 소개로 신비의 불교인 밀교

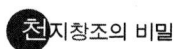

(密敎)의 대성자인 맹그스테에게 찾아가서 제자카 된다.

민희식 교수가 쓴 「법화경과 신약성서」에 보면 독실한 불교도였던 예수의 불교식 이름은 이사(ISSA)이다. 이사(ISSA)는 14세 때 우파니사드 등을 공부하나 4성계급을 주장하는 브라만교(힌두교)에 실망을 느끼고, 이사(ISSA)는 만인의 해탈 가능성과 평등사상을 부르짖는 **불교에 매료돼 불교도들 틈에 들어가 부다가야, 녹야원, 베나레스 등지에서 6년간 불교의 교리를 배우며 수도생활을 한다.**

이사의 불교 공부는 캐시미르를 거쳐 라닥크의 '레'에서 '팔리어' '산스크리스트어'를 배우며 티벳트에서 불교의 한 종파인 밀교계 **고승 맹크스테에게 심령치료 비방 등을 집중적으로 익혔다.**

불교의 승려인 이사(예수)의 이스라엘 귀국은 페르시아를 거쳐 불교의 복음을 전파하기 위해 29세 때 이루어진다. 스승인 맹그스테는 예수에게 기적의 비법을 남용하지 말라고 당부한다. 그러나 예수는 유대교도들에게 모함되어 십자가에 못 박혀 죽는다.

이렇게 보면 기독교의 모체(母體)인 유대교는 사실 예수와는 무관하다고 볼 수 있다. 예수교 초기의 복음서(발견된 것도 59년 전의 일)인 토마스 복음서에 동양의 현실적 직관 사상이 깃든 것도 바로 불교의 영향인 것이다.

199

37 예수의 유언

 사람이 죽을 때 최후로 남기는 말이 유언이다. 목회자들의 말을 빌리면 예수는 인류의 죄를 대신하여 죽었다고 한다. 과연 인류의 죄를 대신하여 죽을 수 있는 것인가? 앞에서 밝힌 바 있지만 불교의 부처님은 대신할 수 없는 것이 있다고 가르쳤다. 대신 살거나 죽지 못한다. 대신 먹거나 배설하지 못한다 등이다. 죄를 대신 받거나 대신 줄 수 있다면 얼마나 좋을까? 4대 복음서의 내용을 보자.

마태복음 27장 46장-50절
46. 제9시 즈음에 예수께서 크게 가라사대 **"엘리 엘리 라마 사박다니"** 하시니 이는 곧 **"나의 하나님 나의 하나님 어

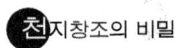

찌하여 나를 버리시나이까" 하는 뜻이라…. 50. 예수께서 다시 크게 소리지르시고 영혼이 떠나시다.

마가복음 15장 34-37절
34. 제 9시에 예수께서 크게 소리지르시되 **"엘리 엘리 라마 사박다니"** 하시니 이를 번역하면 **"나의 하나님 나의 하나님 어찌하여 나를 버리셨나이까"** 하는 뜻이라…. 37. 예수께서 큰 소리를 지르시고 운명하시다.

누가복음 23장 46절
46. 예수께서 큰 소리로 불러 가라사대 **"아버지여 내 영혼을 아버지 손에 부탁하나이다."** 하고 이 말씀을 하신 후 운명하시다.

요한복음 19장 25-30절
25. 예수의 십자가 곁에는 그 모친과 이모와 글로바의 아내 마리아와 막달라 마리아가 섰는지라. 26. 예수께서 그 모친과 사랑하는 제자가 곁에 섰는 것을 보시고 그 모친께 말씀하시되 여자여 보소서 아들이이다 하시고 27. 또 그 제자에게 이르되 보라 네 어머니라 하신대 그 때부터 그 제자가 자기 집에 모시니라…. 30. **예수께서 신포도주를 받으신 후 가라사대 다 이루었다 하시고 머리를 숙이고 영혼이 돌아가시니라.**

4대 복음서에서 예수의 마지막 유언을 읽어보았지만, 예수가 인류의 죄를 대신하여 죽겠다는 이야기는 성경 전

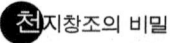

체 어디를 보아도 단 한 마디도 없다. 다만 나를 버리셨나이까 라는 절규의 버림받은 상태만이 있을 뿐이다.

　진정한 성자(聖者)라면 "나의 하나님 나의 하나님 왜 나를 버리셨나이까"라고 번역해야만 알아듣는 소리를 하지 않았을 것이다. 성인(聖人)이라면 무엇이 답답하여 괴로운 소리를 지르겠는가?

　엘리 엘리 라마 사박다니(Eli Eli Lama sabach thani) 라는 번역도 잘 안 되는 이야기를 했을까. 더구나 나를 버리셨다는 과거 완료형의 버림받은 이야기는 이치에도 맞지 않는 내용이다.

　엘리 엘리 라마 사박다니(Eli Eli Lama sabach thani)는 **티베트 라마 불교의 진언(眞言)**으로 「성자(聖者)의 위대한 바른 지혜의 총지(摠持)」라는 뜻으로 **엘리 엘리 라마 삼막 삼 보리 다라니(Eli Eli Lama sam mach sam bori Darani)**를 기진맥진 한 상태에서 「엘-리 엘-리 라-마 삼-막-삼 보리-다라니」라고 외운 것을 주위에 있는 사람들이 처음 듣는 외래어(外來語)를 잘못 들었거나 특히 예수 사후 50년 후에 기록된 복음서에 잘못 와전되었을 것이라 사료된다.

　인류의 죄를 대신하여 십자가에 못 박혀 온 인류를 구제한다는 구세주(救世主)인 예수께서 **'하나님 왜 나를 버리셨나이까'** 라 이치에 맞지 않는 이야기를 했을까. 하나

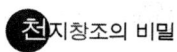

님께 이미 버림받아진 상태에서 어찌 인류를 구원한다는 것인가?

"깨달음은 지혜의 위대한 힘"이라는 '엘리 엘리 라마 삼막 삼보리 다라니'가 오히려 이치에 맞는 이야기가 아닐까?

석가모니께서는 이러한 이야기를 했다. **"여래(부처님)는 어떠한 폭력으로도 죽일 수 없다."** 즉 진정한 성인은 어떠한 폭력적인 방법에 의해서도 죽이지 못한다는 뜻이다. 하나님의 아들을 더구나 독생자를 어찌 유태교도들이 죽일 수 있단 말인가?

어떻든 예수는 인간의 죄를 대신하여 죽지 못했고 자신의 영혼을 하나님께 부탁한다는 유언만이 있었을 뿐이다.

석가의 유언은 어떠했는가?

"그대들은 법에 의지하여 진리에 따라 진리를 스승 삼아 부지런히 정진하라"고 했다. 그리고 **오직 법(法)에 의지할지언정 사람에 의지하지 말아라.** 진정한 구원의 주체는 자기 자신이며 진정한 우주의 주인 또한 자기 자신이다라고.--

예수는 인류의 죄를 대신하여 죽겠다고 말한 바도 없고, 대신하여 죽지도 못했으며, 대신하여 죽을 수 있는 능력도 없는 것이다. 설령 하나님이나 부처님이나 그 외에 어

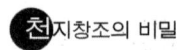

떠한 위대한 신이 있더라도 죄를 대신할 수 없는 것이다.

그런데 예수의 부활을 믿고 재림을 기다리며. 무덤 속에서 구원이 있을 것으로 착각하여 부활하겠다고 기다리는 행위는 영원히 땅속인 지옥(地獄)에서 기다리는 것이다. 극심한 고통이 믿음의 승화인 것처럼 착각하여 **구원을 바란다면 영원한 집착이며 집착은 영원한 괴로움이며 지옥인 것이다.**

집착은 참으로 괴로운 것이다. 그 괴로움을 믿음으로 승화 시켜 또 집착을 한다면 엄청난 집착의 덩어리로 영원히 없애기 힘든 영원한 고통일 것이다. 옳은 일을 집착해도 괴로운 것인데 잘못된 것을 집착한다면 결국 그 괴로움은 어떻게 되겠는가?

깨달음이 없는 UFO의 목격 기록서인 성경을 몇 만번 읽은들 무슨 소용이 있겠는가. 다만 번거로움만 더해 줄뿐만 아니라 성격만 사납게 배타적으로 만들뿐이다.

> 자식이 미치면 부모도 미칠 것같이 환장하는 것이다. 광신(狂信)자 때문에 예수는 지옥의 고통에서 헤어나질 못하고 있다.

38 병 고치는 예수

마가복음 5:41절
예수께서 그 아이의 손을 잡고 가라사대 **다리다 쿰**(Talitha Konm)하시니 번역하면 곧 소녀야 내가 네게 말하느니 일어나라 하심이라.

다리다 쿰(Talitha Konm)…! 그냥 일어나라고 하면 싱거워서 아이가 못 일어나는 모양이다. 예수의 치병 행위는 꼭 손을 대고 안수하는데 묘미가 있다. 왜 알아듣지 못하는 **다리다 쿰**(Talitha Konm) 했을까? 다리다 쿰은 이스라엘 말도 아니고 희랍어도 아니다. 예수가 인도에 갔던 것이 사실이라면 이 말은 범어일 확률이 높다. 인도

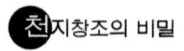

의 쿰다리니 요가가 있는데, 그 화신(化神)은 쿤다리(軍茶利) 보살로 번역되어 중국이나 한국의 불교에 전해지고 있다. 쿤다리는 화기(火氣)와 생기(生氣)를 넣는 명왕(明王)으로 일체 악마의 항복을 받는다고 되어 있다.

보병궁 복음서에 의하면 예수는 인도에서 불교와 요가를 배웠기 때문에 그 진언으로 **쿤다리니**라고 했지만 예수 사후 1세기경에 쓰여진 마가복음의 저자는 **쿰다리**인지 **다리니쿰**인지 알아듣지 못하는 소리로 그냥 **다리다쿰**이라고 했을 것으로 사료된다.

> 병을 모두 고치면 죽을 사람이
> 어디에 있겠는가

39 인간의 과학문명이 있기 전의 세계

 이 책의 결론을 맺기 전에 80년도 한국 정사학회 회장이였던 林承國교수는 인류의 역사에 대하여 다음과 같은 이야기를 하고 있다.
 기독교의 〈성경〉만이 아니라 이 세상의 온갖 경전이 모두 종교인의 입장에서는 종교적 신앙이나 그 교리를 담은 〈성스러운 책〉이 될 수 있으나, 종교인의 입장을 떠나서는 모두 그 민족의 민족사와 역사철학내지 민족철학이 남겨진 책이라고 보아 무방한 것이다.
 따라서 〈바이블(聖經)〉은 두 말할 것도 없이 이스라엘의 역사서요 유대민족의 민족철학서라고 보아야 하며 동양

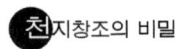

의 〈춘추(春秋)〉라는 經書는 노나라의 역사서이며 동시에 중국인의 민족철학이 담겨진 글인 것이다.

그런데도 불구하고 聖經이나 春秋를 이러한 視野에서 보는 견해를 '타부'시하거나 특정 종교에 대한 침해나 모독으로 보는 것은 인식부족에서 오는 한낱 기우에 불과한 것이다.

김종성著의 〈우주인과 예수〉는 그러한 聖書觀에 일대 용단을 내린 快著라고 생각한다. 〈성서〉는 불가오류적(不可誤謬的)인 것이라는 일반적인 통념을 깡그리 외면한 대담한 저술이다.

더욱이 '예수'와 '우주인'을 대비-대위시켰다는데 이 책의 특색이 있다고 본다.

50년대 초에 이미 미국의 국립천문대 책임자 'K'박사와 영국의 천문학자 'L'박사의 공저인 〈우주인과의 會見記〉라는 책은 비행접시를 타고 온 우주인과의 회견기를 적은 것으로 센세이션을 일으킨 바 있다.

그 책에서 이들 두 사람의 천문학 박사들의 회견한 우주인은 동양계의 인자한 얼굴을 가졌고 입은 의복이 바느질한 옷이 아니라 통으로 짠 혼솔없는 옷이었다는 것을 근거로 '예수'도 십자가에 달렸을 때 그가 입었던 두루마기를 '로마'병사들이 찢어서 나누어 가지려 했으나 '혼솔이 없는 옷'인지라 제비뽑아 가졌다는 성경의 기록

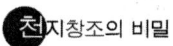

을 연상하며 아마도 예수는 다름 아닌 우주인이었을 것이라는 추리를 실었다.

예수가 십자가에 못 박혀 죽은 뒤 그의 옷을 제비뽑아 가지리라는 예언은 구약에 이미 담겨진 내용이었고 그것이 신약시대인 예수의 십자가 밑에서 '로마' 병사들의 제비뽑는 일로 예언이 이루어졌던 것이다.

세계 7대 불가사의의 하나라고 일컬어지는 '모헨죠다로(파키스탄소재)' 라는 고대 도시국가의 유적에서는 얼마전 방사선으로 잔뜩 오염된 인골(人骨)의 무더기가 지하에서 발견되었는데 이를 탄소 측정해 본 결과 약 12,000년 전에 죽은 人骨群으로서 판명되었다 한다. 마침 '모헨죠다로'라는 뜻이 '死者의 언덕'이라는 것이므로 더욱이 人骨群의 존재는 신비롭게 여겨지고 있다. 말하자면 12,000년 전이라는 이 신비한 연수는 우리에게 많은 시사를 주는 것이다.

'멕시코'의 '유카탄' 반도 끝에 있는 海底에서는 '모자이크' 무늬로 화려한 해저보도(步道)와 함께 공회당 항구시설, 그리고 엄청나게 크고 장려한 저택 정원 등이 발견되고 그 정원의 담장 위에 심겨진 '망그로브'나무의 화석을 건져서 측청해 본 결과 이 역시 12,000년 전의 것으로 판정되었다.

이 밖에도 북극양 해저에 가라앉은 초 고대인들의 家具

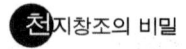

類를 건져본 결과도 역시 12,000년 전의 것으로 판명되고 있는 것이다. 이 12,000년이라는 수수께끼의 연수는 12,000년 전에 인류의 문명에 어떤 원인에 의하여 한번 망해버린 것이 아닌가 하는 추측을 내리게 하는 말이다. 그러므로 지금의 20세기 문명은 회진(灰塵)의 터전 위에서 다시 재출발한 문명이라고 할 수 있다.

그러므로 UFO의 신비는 바로 이러한 우주문명에 대한 인식태도에서 그 신비의 해답을 얻을 수 있는 것이다.

요컨대 12,000년 전을 상회하는 지구상의 이러한 출토물이나 고고학적 자료들도 현대 인류문화의 접점(接點)이 발견되지 아니하는 한, 현대문화의 관련 밑에 연구하는 것은 가치가 없는 것이다. 이는 바로 先次文明에 해당하는 것이기 때문이다.

지금이야말로 지구문명이 아닌 우주문명의 시대요, 現次文明이 아닌 先次文明의 존재마저도 해결해야 될 범우주적 탐구의 시대이다.

40 지구의 나이

 인류가 고양이나 원숭이 물고기 기타 동물과 다른 것은 '역사의 감각'을 가지고 있다는 것이다. 〈모든 것은 (무형의 사상이나 제도까지도) 시시 각각의 변화를 멈추지 않는다.〉는 것을 인식하고 있다는 이야기이다.
 그건 그렇고, 그렇다면 그 모든 것의 시초가 있을 것은 분명한 일, "우리들이 살고 있는 이 세계는 도대체 언제부터 시작된 것일까?"
 인류는 이 같은 의문을 늘 품고 있으며 그 해답을 얻으려고 무진 노력을 기울여 왔다. 그리고 그 해답으로 기록

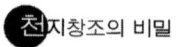 천지창조의 비밀

에 남은 것만 해도 수십만 가지를 헤아릴 수 있다.

서구에서는 아일랜드의 잇샤 대승정이 '성서 연구(1560년 초반)'로 고증한 숫자가 유명했다.

이 성서 연구에는 "하나님은 기원전 4,004년 10월 26일 (금요일) 오전 10시에 우주를 창조했다"고 단정하고 있다. 또 유태인은 기원전 3761년 10월 6일 오전 11시 11분 20초를 기원 원년으로 잡고 있다. 같은 기독교이지만 또 다른 기원을 쓰고 있는 사람도 있다.

포르투칼 영으로 최근 독립한 앙골라에 1482년 처음 도착한 포르투칼인 '디오도 칸'이란 사람이 바로 그 사람이다. 그는 그때 '**세계 창조1681년 그리스도 출생 1482년**'이라 새긴 비석을 세웠다.

칸의 계산 근거가 어디에 있었는지 아무도 모르는 일. 그러나 말못할 엉터리이다. 기원이 가장 오랜 것을 찾자면 석가의 말을 인용해 보는 수밖에 없다.

석가는 '천지창조 이래 2만 수억겁'이라는 숫자를 제시했다. 겁의 계산법에는 여러 가지가 있다. 반석겁 겨자겁 승강겁 등이 있다.

"지구의 연령은 약 100억세"

이것은 여러 분야의 과학이 거의 일치해서 답하고 있는 것이다.

어떻든 과학이 발달하면 발달할수록 지구의 수명은 길

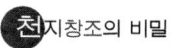

게 밝혀진다. 가장 길게 밝힌 나이는 불교이다.

 이상의 내용은 주간지 토픽에 나왔던 이야기를 참고한 것이다.

성경에서 인간창조는 B.C 약 4천여년전인데 벽화의 그림은 4만년전이다.

'4만년전 말 타고 사냥' -동굴벽화

인도 뉴델리에서 동남쪽으로 8백km 떨어진 반다지역에서 최근 발견된 4만년 전 구석기시대 동굴벽화. 발굴을 담당한 현지 고고학자들은 "말을 타고 사냥하는 사람들의 그림이 흰색 사암(砂岩)에 그려진 이 벽화가 당시 생활문화를 잘 나타내고 있다"고 말했다.

41 물질의 성(成)·주(住)·괴(壞)·공(空)과 생(生)·노(老)·병(病)·사(死)

 변화의 조화가 이루어지는 것은 무한의 시간과 공간에서 잉태한다. 물질은 이루어지고(성成) 일정기간 머무르고(주住) 흩어지며(괴壞) 본체인 허공(공空)으로 돌아간다. 생명은 태어나서(生) 늙어(老)가며 병들고(病) 죽어(死)간다. 이것이 자연의 실체이며 무한한 윤회의 연속적 영속성을 지니고 있는 것이다.
 삼천대천 세계의 대은하계도 이 법주에서 벗어나지 못한다. 이것을 제행(諸行)은 무상(無常)한 것이며 이것을 생멸(生滅)의 법칙(法則)이라고 한다. 바로 부처님의 말씀이다. 우리가 사는 은하계도 하나의 움직이는 거대한 생멸의 법칙을 반복하는 생성체요, 이 은하계 속에 점(点)에 지나지 않는 우리의 태양계, 그 속의 지구는 더 작은 점에 지나지 않는 것이다. 우리들의 생명체는 어떠한가?

모두가 생멸을 영속적으로 연속하는 생성체(生成體)들과 생명체(生命體)들의 생노병사의 장(場)이다. 여기에는 시작도 없고 끝도 없다. 끝은 새로운 시작이며 새로운 시작은 또 끝을 맺는 연속일 뿐이다.

그러니 우주에 시작이 어디 있으며 끝이 어디에 있겠는가? 무시무종(無始無終)이다. 무한한 은하계들이 탄생하고 무한한 은하계들이 소멸되고 있는 것이 마치 물거품이 일어났다 꺼지듯하는 것이다.

어찌 보면 허무한 것 같아도 이것이야말로 참으로 진실되고 우리에게 정말로 멸망이 없는 영원의 장(場)이 있다는 것을 밝혀 준 것이다. 즉 마음의 불생불멸하는 영원의 장(場)인 것이 허공과 같은 것이다.

우리가 사는 지구의 문명이 어찌 우주의 문명이라고 할 수 있겠는가? 저 먼 외부의 별들의 세계에 많은 고도의 문명들이 있다면, 틀림없이 있을 것이기에 우리의 진화는 끝이 없고 과학의 발전은 상상(想像)을 초월하는 것이다.

성라항사(星羅恒沙)가 중생소거(衆生所居)라
"갠지스강의 모래알 같이 많은 별들이 중생이 사는 곳이다."

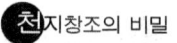

우주의 많은 별들 가운데 중생들이 사는 곳이라는 부처님의 말씀이다. 이 별들도 물거품과 같이 생겼다 꺼졌다 하는 생멸의 현상이며, 이 생멸의 현상 속에 많은 생명들이 생멸(生滅)하며, 장소에 따라 전이(轉移)하고 있기에 이 곳에는 많은 생명들이 산다는 뜻이다.

부처님은 물질이 이루어지는 기간을 20겁, 머무는 기간을 20겁 흩어지는 기간을 20겁 공으로 돌아가는 기간을 20겁 도합 80겁이라 한다. 상상을 초월하는 긴 시간이다. 1겁이 5십6억 7천만년이라고 한다. 현대과학에서 본다면 지구가 생성된 지는 2겁도 채 안 된다.

과학이 발전하면 발전할수록 지구의 나이는 많아지게끔 산출된다.

어느 날 부처님의 제자 아난이 새벽녘에 동쪽 하늘에 빛나는 샛별을 보고 부처님께 여쭈었다.

「저 하늘에 반짝이는 별은 무엇입니까.」

「저 샛별은 붉은 구슬과 같고 이 땅은 푸른 구슬과 같다.」

얼마나 놀라운 이야기인가? 천자문에서는 천지현황(天地玄黃)이라고 가르치고 있다. 하늘은 검고 땅은 누렇다는 이야기이다. 그런데 부처님은 우리가 사는 땅은 누른 것이 아니라 푸른 구슬과 같다고 하였다. 인공위성에서 본 지구는 과연 어떤 모습인가! 우주를 자유로이 다닐 수 있는 신여의통(身如意通)으로 아는 것이다.

어느 날 바라나시 외곽에서 시냇물을 떠 마시던 부처님은 무어라고 혼자 말로 진언(眞言)을 외고 있었다. 제자인 아난이 부처님께 말하였다.

「부처님이시여! 부처님은 삼계의 큰 스승이시며 사생(四生)의 어진 어버이신데 어찌 물 한 모금 마시며 진언을 외우십니까?」

부처님은 이에 게송으로 말씀하셨다.

오관일적수(吾觀一滴水)
팔만사천충(八萬四千蟲)
약불염차주(若不念此呪)
여식중생육(如食衆生肉)

"내가 한 방울의 물을 보니
팔만 사천 마리의 벌레가 있구나
만약에 이 진언을 외우지 않으면
중생의 고기를 먹는 것과 같다."

참으로 현미경보다 밝은 눈이 아닌가. 인도에서는 팔만 사천이라는 뜻은 엄청나게 많은 수를 의미하는 것이다. 한 방울의 물 속에 무수많은 벌레, 즉 생명이 있다는 것이다. 무수히 많은 세균이 있다는 것이 아닌가? 그 세균을 하나의 생명으로 보고 가엽게 여기는 부처님의 자비야말로 진정한 사랑이 아닌가? 그래서 부처님을 사생자

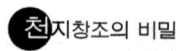천지창조의 비밀

부(四生慈父)라 한다. 사생(四生)이란 알에서 낳는 난생(卵生). 태에서 낳는 태생(胎生) 습기에서 생기는 습생(濕生) 변화해서 생기는 화생(化生)이다. 화생이란 온갖 신(神)들의 종류를 말하는 것이다. 그러므로 **온갖 생명체와 영혼들의 어진 아버지**라는 것이다.

그래서 대자대비(大慈大悲)라고 하는 것이다. **부처님은 자신을 믿으라는 말씀을 단 한마디도 하지 않았다.** 더구나 믿으면 천당가고 믿지 않으면 지옥에 간다는 말도 되지 않는 소리는 더욱 하지도 않았다.

『무방천당(無防天堂)에 소왕지자(少往至者)는 삼독번뇌(三毒煩惱)로 위자가재(爲自家財)요.』

천당에 가는 길을 누가 방해하는 것도 아닌데 적게 가는 것은 탐내고 성내고 어리석은 세 가지 독(毒)과 번뇌(煩惱)로 자기 집의 재물을 삼은 결과요.

『무유악도(無誘惡道)에 다왕입자(多往入者)는 사사오욕(四蛇五慾)으로 위망심보(爲妄心寶)니라.』

지옥 아귀 축생의 나쁜 길에 가는 것을 누가 유혹한 것도 아닌데 많이 가는 것은 지·수·화·풍의 네 가지로 이루어진 이 몸이 오욕인 식욕 성욕 수면욕 명예욕 재욕으로 망령되이 마음의 보배를 삼기 때문이다.

여기에서는 부처님을 믿고 안 믿고 와는 하등의 관계가 없는 것이다. 어느 아비가 어느 에미가 믿으면 부모가 되

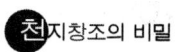

고 믿지 않으면 부모가 되지 않는다는 말인가?

 대자연의 부모. 대자연의 하느님 대자연의 부처님은 모두가 자비한 것으로 충만하여 그대로 여여하게 있는 것이지 믿으라고 강요하지 않는다. 우리는 충만한 그 상태를 배우고 느끼는 것이며 깨닫는 것이다. 믿으라고 강조하는 사람일수록 사기꾼이 많다. 사기꾼일수록 자신을 믿으라고 왜 못 믿느냐고 핏대를 내며 강변(强辯)을 한다.

  어리석음은 비과학을 만들고
  지혜는 과학을 만든다.

 모든 것은 마음이 만드는 것이다. 어리석으면 존재하지도 않은 신(神)들을 만들어 노예가 되고, 깨달으면 지혜로워 주인이 된다. 모든 중생은 부처의 성품이 있고 하느님의 성품이 있어 깨달으면 부처님도 되고 하느님도 되는 것이다. 깨치지 못하면 어리석은 마음이 온갖 귀신들을 만들어 자기가 만든 귀신들의 노예가 되어 구원을 바라고 종을 자처하며 괴로워하는 것이다.

 성경에 의하면 하나님 여호와는 인간에게 징벌과 분노 진노 등에 의한 심판만이 있었을 뿐 단 한 번의 구원도 없었다. 이에 반하여 악마라는 사탄은 징벌과 시험과 진노를 낸 적도 없고 심판도 없었다. 다만 벌거벗고 부끄러운 줄 모르는 아담과 이브에게 선악과를 따먹게 하여 눈

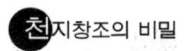천지창조의 비밀

을 밝혀 주었을 뿐이다.
 그러면 사탄을 믿는 것과 여호와 하나님을 믿는 것과 어떤 차이가 있는가?

망상의 다섯가지(망상은 진리가 아니다)

 1)견고망상(堅固妄想) : 집착이 강하여 요지부동한 망상
 2)허명망상(虛明妄想) : 신이 구원해 줄것이라는 헛된 망상
 3)융통망상(融通妄想) : 이리저리 잘 둘러대는 망상
 4)유은망상(幽隱妄想) : 저 가슴 속 깊이부터 숨겨진 망상
 5)변단망상(辨斷妄想) : 자기 나름대로 단정짓는 망상

42 악마를 믿는 종교

「악마(사탄) 신앙은 악마를 하나님처럼 믿는 신앙이다. 기독교에서는 하나님을 믿는데 하나님을 믿는 기독교에 반대해서 생겨난 신앙이다. 1948년 미국의 오하이오주에서 교주 슬로운(Sloune)이 창교했다.

이 교의 본부는 뉴저지에 있는데 교주 슬로운씨가 25세였을 때 그에게 사탄(악마)이 나타났다. 그에게 나타난 사탄은 "인간을 구해줄 이는 여호와 하나님이 아니라 사탄이니라. 여호와 하나님은 많은 사람을 죽였지만 사탄은 죽인 일이 없다. 이제부터는 하나님을 믿지 말고 사탄을 믿어라"고 계시해 주었다.

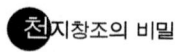

교주는 '이제부터 사탄의 시대이다'고 선포하기 시작했다. 사탄교의 신도들은 십자가 대신에 별 모양의 상징을 믿는다.

성경의 역사인 1천년간은 하나님께 잘 보이기 위해 기도하고 헌금하고 예배를 해왔지만 인류의 구원은 단 한번도 이루어지지 않았으므로 이제부터는 하나님에게 잘 보이려 하지말고 사탄에게 잘 보이기 위해 예배하고 헌금하고 기도 해야 한다고 외치고 있다.

이 사탄교의 **신도들은** 불치병에 걸린 바보, 정신병에 걸린 자들, 이상성 행위자들이 **많다**. 신자들이 심각하게 사탄을 믿으니까 병도 낫고 구원을 받는 자가 많이 생겨난다는 것이다.

이 교는 2차 대전 이후 많은 신도를 모았다. 교파 수는 8개 신도는 1만여 명이나 된다.

2차 대전으로 인하여 하나님을 믿는다는 국가들끼리 수없는 살생을 자행했다. 신자가 쏘는 총에 신자가 쓰러져 죽는 모습을 쳐다보면서 하나님의 실존을 부인하기에 이르렀던 것이다.

그래서 이 사탄교의 교주는 하나님 대신 사탄을 믿어야 사탄에게 잘 보임으로써 죽음에서 해방될 수 있다는 해괴한 교리를 만들어 보급시켰다. 그러나 70년대 후반부터 점차로 사양길로 접어들었다고 한다. 이 사탄교는 중세 유럽에서 생겨났다가 없어진 바 있다.」

이상은 **해외 종교토픽에 나왔던** 기사이다. 이상과 같은 신앙의 양태는 기독교 성경에 근거한 것이므로 서구에서

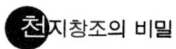

기독교가 사양길로 접어들면서 사탄교도 사양길로 접어든다는 내용이다.

 불치병 환자가 사탄을 믿어서 병이 낫고 구원을 받았다는 것은 무엇을 의미하는 것일까? 옛말에 문고리만 잡고도 정성을 드리면 감응이 있다고 하였다. 그러면 그 문고리에 어떤 힘이나 신이 들어 있다는 이야기인가? 아니다. 모든 것은 마음이 만들어 내기에 정성을 드리면 마음의 순일한 작용이 불가능을 가능케 하는 것이다.

 모든 것은 마음이 만드는 것으로 어리석으면 밖을 향하여 하나님도 마귀도 만들며 온갖 신들을 만들어 종(노예)이 되고 지혜로우면 안으로 자신을 찾아 주인이 된다.

 지성인(知性人)이라면 예수교와 사탄교가 무엇이 다른가를 깊이 생각해 보아야 한다. 이는 똑같은 것으로 어리석으면 갖가지 외형적인 허상에 이끌리는 것이다.

 "모든 것은 마음에서 나왔고 마음이 모든 것을 결정짓는 것이다. 폐쇄된 독재국가에서는 다른 교육이나 서적을 못 보게 하듯 사교(邪敎)일수록 다른 종교의 이론이나 서적을 배타하며 독재자가 세뇌교육을 하듯 조직적인 방법으로 교인들을 혹세무민하는 것이다."

43 지성여신(至誠如神)

 지성(至誠)은 여신(如神)이란, 정성이 지극하면 신과 같다는 뜻이다. 중용(中庸)에 나오는 말이다. 하나님을 믿어도 낳지 않는 병이 마귀를 믿어서 낳는 이유는 무엇인가. 정성이 지극하면 신(神)도 되고 깨달을 수 있고 온갖 형상을 마음의 힘으로 만든다는 뜻이다.

 옛날에 문고리만 잡고 장군 장군하고 간절히 빌었더니 장군이 왔다는 이야기. 다리가 아파 짚신을 붙들고 기도를 했더니 귀신이 나와 다리를 고쳐 주었다는 이야기, 뚱뒷간에 가서 장군 장군 하니까 9척 장신의 장군신이 나왔다는 이야기. 장독대에서 정화수 떠놓고 비니 전쟁터에서

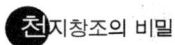

아들이 살아 왔다는 이야기. 이 모두가 문고리나 짚신이나 똥 뒤간이나 장독대에 하느님이나 어떤 신이나 귀신이 있었겠는가? 모두가 마음이 짓는 정성의 효과이며 자기 자신의 응화신(應化神)인 것이다.

 황석공(黃石公) 소서(素書)에 신막신어지성(神莫神於至誠)이라는 글이 있다. 이 글의 뜻은 "신이 없다고 하지 말라 정성이 지극하면 신이 있는 것이다."

전천 석호(箭穿石虎) 비공력지소능(非功力之所能)

 이 뜻은 화살이 돌 호랑이를 꿰뚫은 것은 공력이 능한 바가 아니다 라는 것이다. 중국의 한나라 때 이광(李廣)이라는 사람이 어렸을 때 어머니가 호랑이에게 물려 잡혀 먹혔다.

 이광은 자라면서 오직 어머니의 원한을 갚기 위하여 일념으로 매일 화살을 들고 연습을 했다. 백발백중의 명사가 된 후, 깊은 산으로 매일 호랑이를 찾아 나섰다. 하루는 으스름 달밤에 등뒤에서 호랑이 울부짖는 소리가 들리는 것 같아 무의식적으로 활시위를 힘껏 당겼다. 이마에 명중한 것이다.

 잠시 한숨을 돌리고 나니 날은 이미 어두워졌고 산등성이에 오르기도 힘들 것 같아 일단 동리로 내려 온 뒤, 다음 날 죽은 호랑이를 찾아 나섰다. 죽어 있어야 할 호랑이는 보이지 않고 호랑이 형상은 한 큰 바위의 이마에

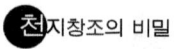

화살이 꽂혀 있는 것이 아닌가! 어떻게 단단한 바위에 화살이 꽂혀있을까. 이것은 무엇을 의미하는 고사(古事)인가? 바로 마음이 짓는 것의 신념을 표현한 말이 아닌가?

취고삼군(醉告三軍)이 기국얼지소조(豈麴蘖之所造)

이 뜻은 술 취하여 삼군을 호령한 것이 어찌 누룩 찌꺼기 먹은 술 취한 술주정이겠는가라는 뜻이다. 한나라 때의 명장(名將)이 있었다. 늦가을 한참 전쟁을 하다가 앞에 강이 막고 있는 것이었다. 병사들이 강이 있어 건너지 못한다고 하니까. 이 장군의 눈에는 얼음이 얼은 것으로 보여 단번에 큰 소리로 야! 이 놈들아! 얼음이 얼었는데 왜 못 건너냐고 호령을 치는 순간 강물이 얼음으로 변해서 병사들이 무사히 건넜다는 고사(古事)이다. 이 또한 마음이 짓는 강력한 신념의 표현으로 단순히 술취한 짓거리가 아니라는 뜻이다.

어약빙하(魚躍氷河) 기망라지소지(豈網羅之所至)

이 뜻도 위와 같은 의미로 '물고기가 얼음 위로 뛰어 올라 온 것이 어찌 그물의 소치이겠느냐' 는 뜻이다.

왕상(王祥)이라는 효자가 있었는데 하루는 어머니가 한 겨울에 잉어가 먹고 싶다고 하니까 효자 왕상은 꽁꽁 얼은 강가에 나가 얼음을 깨고 구멍에 낚시를 두리우는 순간 잉어가 구멍 위로 뛰어 올랐다는 이야기이다. 효심하는 마음이 또한 마음이 짓는 신념이 바로 현실로 나타난

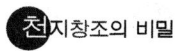

결과의 표현이다. 모든 것은 마음이 짓는 것이다.

순추한곡(筍抽寒谷) 비양화지소생(非陽化之所生)

이 이야기는 엄동설한의 추운 겨울에 죽순을 찾았다는 이야기이다. 대나무 죽순이 태양의 온기로 솟아 나온 것이 아니라는 뜻이다. 천하의 효자 맹종(孟宗). 한 겨울에 몸이 아파 누운 어머니가 별안간 죽순이 먹고 싶다는 것이다. 맹종은 한 겨울 눈이 수북히 쌓인 대나무 밭에 가서 울며 대나무 주위에 쌓인 눈을 쓸기 시작했다. 한참을 이 곳 저 곳의 눈을 쓸어내던 맹종, 눈 속에서 죽순이 나왔다는 이야기이다. 이 모두가 지극한 효심의 마음에서 나온 것으로 모든 것은 마음이 만들어낸다는 것이다.

세상만사(世上萬事)가 개자심지소력이(皆自心之所力耳)이라.

"세상 만사가 모두 자신의 마음의 힘에 의한 것이다"

그러므로 자신의 마음에 따라 어떤 신앙이나 심리적인 효험이나 최면, 또는 무속신앙까지도 조금의 신비함이나 능력 또는 가피를 받을 수 있는 것이다. 그렇다고 어느 절대의 신이나 하나님이 있는 것은 아니다. 하나님이나 하느님이 계시다면 바로 자신의 확고한 마음의 결정에서 얻어지는 힘과 능력이라는 것이다. 만약에 기독교를 믿어 구원을 받았다면 꼭 여호와 하나님에 의한 것이 아닌 자신의 응화신이라는 것을 알아야 한다.

 왜냐하면 성경에서 여호와 하나님은 UFO라는 것이 확실히 증명되고 있지 않은가? 교회에 미치듯 다른 신앙을 그렇게 정성껏 믿으면 정말로 단번에 효험을 본다. "마음이 모든 것을 만든다."는 확실한 증거는 성경에서 찾아 볼 수 있다. UFO를 하나님으로 착각하여 믿는데도 구원을 받았다고 하는 것이야말로 깨치지 못한 마음이 만들어 내는 확실한 증거가 아닌가?

 마귀(사탄)를 믿어도 불치병이 낫는 효험을 본다는 것도, 마음이 만든다는 확실한 증표이며, 믿고 안 믿는 것이 모두 마음이 하는 일이다. 믿으면 천당 가고 믿지 않으면 지옥 간다고 게거품 내뿜는것도 어리석은 마음이 하는 일이며 하나님이나 부처님이 시키는 일은 더욱 아니다.

 노자 도덕경에 도가도(道可道)면 비상도(非常道)요 명가명(名可名)이면 비상명(非常名)이라는 말이 있다. 이 말은 "도를 도라고 하면 오히려 항상 하는 도가 아니며, 이름을 이름이라 하면 오히려 항상 하는 이름이 아니다."라는 뜻이다.

 소위불법자(所爲佛法者)는 즉비불법(卽非佛法)이라 "불법(佛法)이라고 하면 곧 불법이 아니다."라는 뜻이다. 이것이다. 라고 우기면 안 되는 것이다. 우기면 병통이다.

44 교회가 사회에 끼친 악영향

전쟁과 파괴와 살상이 일어나는 원인이 되는 근본 요인이 무엇인가? 온 세계의 역사를 더듬어 본 결과 **미신이 조직화 되면 인류는 불행해지며 불행의 끝이 없는 것이다.**

- 여호와 이외에는 다른 신은 없다.(신명기 4:35, 39)
  다른 신을 인정하면 죽인다는 것.
- 다른 신을 섬기는 자는 멸(滅)하리라.(신명기 11:16. 28)
  멸한다는 것은 씨 말린다는 뜻이다.
- 외국의 신과 종교를 말살하라.(신명기12:1~3)
  말살하는 것도 씨를 말린다는 뜻이다.

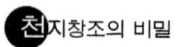

- 다른 민족의 신을 믿는 자는 용서 없이 죽여라.
  전쟁의 시작은 끝이 없다. (신명기 13:6~11)
- 다른 신을 섬기는 자는 돌로 쳐죽여라(신명기 17:2~7)
- 다른 신은 마귀이다. (신명기 32:6~17)
  어느 신이 마귀인지 모르겠다.

미국과 이라크와 전쟁이 바로 종교전쟁이다.

이것이 기독교 성경의 핵심 내용이다. 중세 말기(1,400 ~1,700년대)에 유럽의 기독교(로마 카톨릭)계에서는 무당(witch:여자 마법사)으로 보이는 혐의자들을 대대적으로 검거해서 잡아죽인 이른바 "마녀재판(witch trial) 또는 마녀사냥(witch hunting)"을 전개하였다.

이 최악의 비극적인 사건에 대해서 美 월드북 백과사전(World Book Encyclopedia, 1979년판)은 "witch-craft(마법)" 항목에 다음과 같이 기술하고 있다.

> 『기독교(천주교)에서 행한 마녀 박해는 이탈리아, 프랑스, 스페인, 독일, 영국, 스코트랜드에서 일어났다. 1431년 프랑스의 애국 영웅 소녀 잔 다크(Joan of Arc)는 적군 영국인들에 의해 마녀로 고발되어 말뚝에 묶여 산채로 화형에 처해졌다. 역사가들에 의하면 1484년~1782년 동안 기독교인들에 의해 처형된 마녀 혐의자 수는 **30만 명에 달했다**고 한다. (다른 **기록에는 40만명**으로 되어 있다.) 그녀들 중 대다수는 잔인한 고문에 견디지 못해 마녀라고 자백한 사람들이었다.

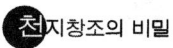

마녀 혐의로 고발된 여자가 마녀인지 아닌지를 가리는 방법에는 여러 가지가 있었는데 예를 들면 옷을 벗기고 신체의 어느 구석에라도 점이나 사마귀나 흉터가 있는지를 찾는 것이다.

만약에 그러한 표적들이 발견되면 그 여자는 마녀로 판정이 되었는데 그것은 그런 표적들이 마귀와 접촉한 증거물로 간주되었기 때문이다. 다른 방법으로는 혐의가 있는 **여자를 결박해서 깊은 물 속에 던지는 방법이 있었다.**

이 때 그 여자가 물 위로 떠오르면 그는 마녀로 간주되었고 가라앉으면 결백한 것으로 판정되었다. (어차피 죽는 것. 뜨면 마녀로, 가라앉으면 그냥 죽는것.)

1,600~1,700년 기간에 마법술에 대한 광적 공포가 유럽 전역을 휩쓸었다. 수많은 여자들이 재판을 받고 마녀가 되어 처형되었다. 재판에서는 피의자(혐의자)에 대한 불리한 소문(rumor)이나 헐뜯음(gossip)도 증거물로 채택되었고 **많은 어린이들이 재판정에서 그들의 어머니를 마녀라고 증언하기도 했다.**

미국 역사상 가장 오명 높은 마녀 재판이 마사추세츠 주 사렘(Salem) 군에서 행하여 졌다. 많은 미국 사학자들은 개척민 주민들에게 마녀를 증오하는 군중심리를 불러일으킨 주요 인물로서 카튼 마서(Cotten Mather : 1663~1728, 보스턴 제2교회 목사)를 들고 있다.

1692년 한해 동안 마사추세츠 주 주민들은 20명의 여자를 마녀 혐의로 처형하고 150명을 투옥하였다.…」

2,000년 3월 7일자 신문기사에 의하면 교황청은 2천년 간 기독교의 과오에 대하여 시인하고 기독교도들에 의하

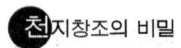천지창조의 비밀

여 멕시코 원주민 1천 5백만 명을 살해하고 3백만으로 줄인 것을 고해(告解)했다.

살인과 침략 살상을 일삼는 것은 엄밀히 말하면 살인마(殺人魔) 마귀 집단이지 종교집단이 아니다. 한국에서 성행하고 있는 사이비 신앙 중에 국민에게 가장 피해를 많이 주는 것이 성경을 근거로 한 사이비로서 기독교의 선교 전술을 그대로 모방하고 있다.

여호와 하나님을 믿는 '여호와 증인'들의 양심적 병역거부라는 것이 참으로 웃기는 이야기이다.

여호와 하나님을 믿지 않으면 죽이라고 했는데 지네들이 무엇이기에 양심운운하며 병역을 기피한다는 말인가?

늪에 빠지면 누가 도와주기 전에는 계속 허우적대다 결국엔 죽는다. 늪에 빠져서 손을 내밀어도 잡지 않고 허공(하나님)에 손을 흔든다.
이들을 누가 건져 낼 것인가.

45 신앙은 마약의 독보다 무섭다.

　인간에게 **가장 어리석은 과오**가 있다면 신앙(神仰:信仰)을 발생시키는 일이며, 가장 불행한 일 또한 신앙의 발생이다. 경험해보지도 않은 지옥을 만들어 인간을 공포 속에 떨게 하는 것도 그릇된 신앙이다.
　믿으면 천당이요 믿지 않으면 지옥이라고 하는데 14세기 이전의 전 유럽은 기독교도들로서 그들은 모두 기독교를 믿었다. 예수를 믿은 그들에게 왜 중세의 암흑시대라는 말이 나왔는가? 암흑시대(暗黑時代)가 바로 지옥 같은 시대인 것이다. 중세의 암흑시대는 유럽에 해당되는 이야기로 동양과는 하등의 관계가 없다. 암흑시대란 성경에 영향을 받은 유럽사회를 말하는 것이다.
 마약보다 무서운 신앙을, 왜 종교는 아편과 같다고 했는가? 성경이 인류에게 끼친 영향이란 **인간의 마음을 황폐하게 만들고 생각을 어리석게** 만드는 거대한 이익집단의 형성체이다. 이 집단에는 어떠한 이론이나 반론도 제기치 못하게 하는 무서운 독을 형성하고 있는 것이다.

 그 첫째가 고대 올림픽의 중단이다.
 둘째는 고대 그리스와 로마의 찬란한 문화 전승의 중단으로 중세기를 암흑시대로 만들었다.
 셋째는 자연과학과 우주과학과 의학을 부정하고 종교재판으로 무수히 많은 학자들을 무고하게 죽였다.
 넷째 종교전쟁으로 지금까지 인류를 전쟁의 도가니로 몰아 넣고 있다.
 다섯째 사회악을 즉 인간성의 마멸이다.

 -첫째-
 고대 올림픽의 중단은 단 한가지 이유이다. 이단 행위의 배척이다. 고대 올림픽은 BC. 776년에 그리스의 아테네에서 시작하여 AD 393년까지 4년마다 개최하여 293회까지 약 1,200년이란 긴 세월 동안 인류 화합의 평화 대잔치의 찬란한 꽃을 피웠다.
 근대 올림픽은 1896년에 그리스의 아테네에서 제1회를 시작했다. 우리나라 서울에서 1988년 개최한 올림픽이 24회이고 보면 고대 올림픽의 역사가 얼마나 장구한가를 알 수 있는 것이다.

올림픽이란 그리스의 올림프스 산에서 제우스 神에게 제사 지내는 하나의 제전행사(祭典行事)였다. 기독교의 수중에 들어간 로마가 전 유럽을 지배했을 때 313년 로마의 콘스탄티누스 황제(constantinus 274~337)가 예수교를 처음 인정하고 스스로 예수교도가 되고 나서부터 급격하게 전 유럽으로 예수교가 번성하게 되었던 것이다. 예수교가 로마 국교(國敎)로 정하여 진 것은 391년이다.

그 후 데오도시우스 황제는 이교(異敎)의 제사행위, 즉 여호와 신이 아닌 제우스신에게 제사지내는 올림픽을 그냥 놔둘 수가 없어 황제의 칙명으로 찬란했던 올림픽을 중단시킨 것이다. **기독교가 인류에게 지은 죄는 하나님이 설령 존재한다해도 씻을 수가 없는 것이다.**

-둘째-

고대 그리스와 로마 등, 서구 각 지역의 찬란한 문화의 전승이 중단되고 세계 곳곳에 있는 인류의 문화재를 파괴한 행위이다. 그야말로 기독교가 저지른 만행과 죄악은 씻을 수 없는 것이다. 만인의 죄를 씻어주어야 할 신앙이 저지른 행위로서 이 세상에 있어서는 안될 신앙이다.

모든 것은 하나님의 섭리와 의지에 의한 것이라며 모든

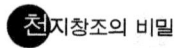

만물과 생명들은 하나님의 창조물로 의지가 없다는 것이다. 육체의 건강은 향락의 도구이므로 육체의 활동을 억제하고 천시해서 금욕주의로 인간의 근본 자유를 속박하고 모든 것은 기도에만 의지해야한다고 하는 것이다. 그러므로 고대의 철학과 과학적인 사상이 사장(死藏)된 것이다.

한 예로 중세기에 **코페르니쿠스가 지동설을 발표하기 전에 이미 기원전 281년에 그리스의 아리타스코스라는 과학자가** 지구가 돈다는 **지동설을** 발표했다. 이러한 과학이 기독교의 영향으로 사장된 것이다.

기독교의 영향 하에 사장되었던 고대 그리스의 철학과 사상가의 예를 읽어보자.

① **탈레스**. Thales (BC.624~547) 그리스의 철학자 밀레토스학파의 개조이자 철학을 처음 시작한 사람이며 그리스의 칠현(七賢)중의 한 사람 bc, 585년 **일식(日蝕)을 천문학적 지식으로** 예언했다. 법. 치수. 통상. 무역등 다방면에 걸쳐 활동하였다. 아리스토텔레스는 그를 모든 존재의 원리를 **추구한 최초의 탐구자**라고 지칭하였다.

② 아낙시만드로스 Anaximandros (BC 610~546) 그리스의 밀레토스 학파의 철학자 탈레스의 제자이며 그의 후계자, **천체는 구형(球形)**이라 하고 만물의 근원은 무한이라고 주장했다. **무한설(無限說)** 설명.

③ 아낙시메네스 Anaximenes (BC 585~528) 그리스의 밀레토스 학파 철학자. 아낙시만드로스의 제자, 공기를 우

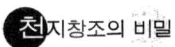

주만물 일체의 원리라 하였고 그 공기는 끊임없이 이동에서 오는 농담(濃淡) 한난(寒暖)에서 습(濕) 지(地) 불(火)이 생긴다고 했다. 그리스 **기상학의 효시**를 이루고 후대에 큰 영향을 끼침.

④ 아낙사고라스 Anaxagoras (BC 504~428) 그리스 소아시아의 클라조 메나이 철학자 아데네에 최초로 철학을 도입 **노우스(nous:精神)를 물질 위에 놓은 최초의 사람**이며 세계는 성질이 다른 무수한 종자(種子)의 혼합으로 그 결합과 분리의 원동력이 노우스(정신)라는 이원론을 내세웠다. **원자 또는 종자설을 설명**

⑤ 엠페도클레스, Empedokles (BC 495~435) 고대 그리스의 철학자 시칠리아섬 출생 정치, 변론, 시, 의학 등에서도 능했고 운문의 저서 '자연에 관해서'와 정결(淨潔)은 그 일부가 현존하고 있다. 엘레아(Elea)파에 반대하고 **불생(不生) 불멸(不滅) 불변(不變)의 4개 근원으로 地 水 火 風의 4원소설**을 내세움 이 네 가지 근원의 결합 분리에 의해서 만물이 생성소멸(生成消滅)하며 결합과 분리의 원리는 각각 사랑(philia)과 증오(neikos)라 주장.

⑥ 레우킵포스 Leukippos (BC 440?~?) 그리스의 자연 철학자 밀레토스 출생 BC 450년 이후 이탈리아의 엘리아에서 제논에게 사사했다. 존재의 질적 차별을 내세워 운동은 물질 자체의 특성이라 하였다. 즉 공간은 불가분의 **미립자(微粒子)로 차 있다는 원자론**을 창시하였으며 그의 제자 데모크리토스에 의해서 체계화되었다. 또한 데모크리토스의 저작으로 되어 있는 '대우주계(大宇宙系)'

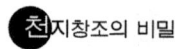

'정신에 대하여'는 레우깁포스의 것이라는 설도 있다.

⑦ 데모크리토스 Demokritos (BC 460~370?) 그리스의 대 철학자 마브테라 태생 레우깁포스의 학문을 계승하여 **원자론적 유물론의 세계관을 완성 후세의 자연관, 유물론에 큰 영향**을 미쳤으며 많은 저작을 남겼다. 그의 세계는 감각으로 지각할 수 없을 정도로 작은 무수한 분활적 원자로 구성되며 현실의 모든 현상은 이 원자의 자기 운동에 의하여 기계 필연적으로 일어난다고 함

⑧ 플라톤 Platon (BC 427~347) 그리스의 철학자 아테네 출생 소크라데스에게 배우고 그의 영향을 받았으며 소크라데스의 사상을 중심으로 한 변증법적 저술인 '대화편'이 있다. 후에 '소크라데스의 변명' '크리톤' '라시스' 등을 썼으며 아카데미 학원을 건립하여 제자 양성과 저작에 전력하였음. **4원소설을 발전시켜 기하학적으로 설명.**

⑨ 에피쿠로스 Epikuros (BC.341~271) 그리스의 철학자 에피쿠로스 학파의 개조. 사모스 출생 BC306년 경 자기 집에 학교를 창설하여 평생을 교육에 바쳤다. 자연학에 있어서는 원자론적 유물론, 윤리학에 있어서는 쾌락주의를 제창했으며 마음의 평정을 이상으로 삼았다. **데모크리토스의 원자론 완성.**

⑩ **아리스타르코스** Aristarchos (BC 310~230) 그리스의 천문학자. **지동설(地動說)의 선구자.** 사모스섬 출생 알렉산드리아 도서관 사서를 지내기도 함. B,C 281년경에는 **지구의 자전과 공전을** 제창하였다. 상·하현(弦)의 관측에 의거 태양과 달의 거리를 19:1로 측정하였다.

이상과 같이 기원전 약 300년경에 예수가 세상에 태어나기 전에 지구가 돌며 지구가 우주의 중심이 아니라는 것을 아리스타르코스에 의하여 밝혀졌다. 그리스의 대부분 학자들은 모든 만물은 원소(元素)나 입자(粒子)로 구성되었고 신(神)이 창조한 것이 아니라고 하는 지극히 과학적인 이론을 전개하였다.

그러나 예수교로 말미암아 그리스의 철학과 과학은 사장(死藏)되었으며 인류의 문명과 문화는 1600년이란 긴 세월 동안 암흑의 길을 걷게 되었다. **14~16세기 전후로 기독교의 속박에서 탈피, 인간의 해방과 자유를 선포하게 된 르네상스(문예부흥)운동이 바로 그것이다.**

르네상스 운동이란 그리스와 로마의 고전적인 문화의 부흥, 즉 플라톤 아리스토텔레스 사상의 원전에 의한 새로운 연구를 의미한다. **르네쌍스는 기독교 벗어나기 운동, 기독교 버리기 운동이라는 점을 알아야 한다.**

르네상스 운동으로부터 루터의 종교개혁 운동이 일어났으며, 갈릴레이는 코페르니쿠스(근세 지동설 학자)의 지동설을 지지하다가 1633년 종교 재판을 받아 유폐되었다. 사형을 면하는 조건으로 지구가 돌지 않는다고 하면 살려준다고 했다. 그래서 갈릴레이는 교황 앞에서 지동설을 부정하고 나오면서 **'그래도 지구는 도는데'** 라고 하는 유명한 말이 있다.

종교개혁의 선구자인 루터와 멜란히톤 같은 사람은 지

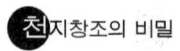

동설을 적극 부정하며 지동설을 정신나간 바보의 헛소리라고까지 혹평을 했다. 이런 점으로 보아 **종교개혁이란 신(神)을 맹신하게 하는 또 하나의 악습을 낳게 했을 뿐**이다. 기독교가 인류에게 지은 죄는 설령 하나님이 있다 해도 씻을 수가 없는 것이다.

근대문명은 기독교 신앙에서 벗어난 바탕위에 발전한 것이다. 서구의 발전은 르네상스를 바탕으로 한 산업혁명에서 비롯된 것이지 기독교를 믿어 잘 사는 것이 아니다.

-셋째-

자연과학과 철학을 부정하여 기독교 교리와 맞지 않으면 이단자(異端者)나 이교자(異敎者)로 몰아 혹독한 고문과 화형(火刑)·재산몰수 등의 온갖 박해를 했다. 그레고리 9세 이후 교회에 설치한 **종교재판으로 무수히 많은 사람을 무고하게 죽였다.**

지동설을 강력히 지지한 브루노(Bruno Giordaro 1548-1600)는 이탈리아의 철학자로 15세에 도미니크회 수도원에 들어가 스콜라 철학과 아라비아 철학을 수학한 **신부(神父)로서 코페르니쿠스의 지동설에 감동하여 수도생활을 저버렸다.**

그 후 프랑스, 영국 등지에서 반교회적인 일종의 범신론(汎神論)을 제창하다가 이단자로 체포되어 뇌옥(牢獄) 생활 7년 후 로마에서 **십자가에 매달려 불태워 죽는 분형**

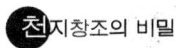

(焚刑)을 당하였다.

코페르니쿠스의 지동설, 니콜라우스 쿠자누스의 우주관은 고대의 원자론을 결합하여 우주 전체는 동질이고, 神은 자연을 조성하는 힘인 동시에 조성된 자연이라고 하였다.

이상과 같이 이단자를 박멸하기 위하여 카톨릭교회는 잔악한 고문과 나무에 달아 태워 죽이는 행위를 통하여 악명 높은 종교재판을 행하였다. 16세기 만해도 종교재판에서 30~40만명 이상이 이단자로 몰려 불태워 죽었다. 기독교가 인류에게 지은 죄는 하나님이 설령 있다해도 씻을 수가 없는 것이다.

교황청 문건발표-종교재판

가톨릭의 종교재판은 700년 동안 계속된 이단자에 대한 박해의 과정으로, 수십만 명이 고문당하거나 죽임을 당했다. '심문한다'에서 비롯된 종교재판이란 말은 1231년 교황 그레고리 9세에 의해 시작됐다. 당시 그는 프랑스 주교들에게 마법, 연금술, 악마숭배와 같은 이단을 억압하겠다는 뜻을 알렸다. 처음 심문자는 프란체스코 수도회와 도미니카 수도회에 의해 독점적으로 행해졌다. 전국을 돌며 혐의자를 찾아 나선 이들은 혐의자를 종교재판소로 소환할 수 있는 권리를 부여받았다. 중세 종교재판은 대

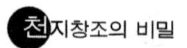

부분 남부 프랑스와 북부 이탈리아에서 행해졌다.

1252년 교황 이노센트 4세의 교서에 의해 고해를 끌어내는 수단으로 인정받았다. 1478년 식스투스 4세는 스페인의 종교재판을 인정했다. 아라곤의 페르디난드와 카스티야의 이자벨라의 통치 때에 절정을 이뤘다. 이들 군대는 15, 16세기 이베리아 반도를 휩쓸었으며, **유대교인과 회교도를 기독교로 강제로 개종시켰다.**

종교재판에서 가장 악명을 떨친 사람은 스페인 종교재판소 초대 장관을 지낸 토마스 토르크마다(1420~98)인데, 그는 대심판관의 이름 하에 **약 2,000명의 이단자를 화형**시켰다.

1808년 공식적으로 종료될 때까지 스페인 **종교재판소는 30만명 이상을 화형시켰다.** 여기에는 우상의 형태로 화형 시킨 1만 8,000명은 포함되지 않은 것이다. 1908년 바티칸은 규율과 파문을 다룰 곳으로 이단자 심문소(검사성성 · 檢査聖省)를 만들었다. 종교재판의 희생자로는 **현대과학의 아버지로 불리는 로저 베이컨(1220~1292), 천문학자 갈릴레오 등이 있다.**

성경으로 인하여 인류에게 지은 죄는 설령 진짜 하나님이 있다해도 씻을 수가 없는 것이다. 하루 속히 없어져야

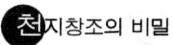

하지 않겠는가?

하나님을 내세워 하나님을 믿는 사람들을 성민(聖民)이라고 하며 잔악하고 잔인한 전쟁을 성스러운 전쟁 즉, 성전(聖戰)이라고 미화시키는 종교는 기독교와 이슬람교 뿐이 없다.

종교 재판에 비하면 이조 말엽 대원군 시대 병인양요(丙寅洋擾) 때 프랑스의 베르노(Beneux, 張敬一) 이하 주교(主敎) 9명을 죽인 것은 문화권이 완전히 다른 한민족으로서는 당연한 일이라 볼 수 있다.

대원군 부인도 한때는 천주교인이었다. 천주교도들을 처형시키게 된 동기는 황사영백서(黃嗣永帛書) 사건이다. 1801년 신유사옥(辛酉邪獄)의 계기가 된 것은 북경에 있는 주교(主敎)에게 황사영(1775~1801)이 길이 62cm 너비 38cm되는 흰 명주 비단에 한 줄에 110자씩 121행 도합 1만 3천여 자를 검은 먹으로 깨알같이 쓴 긴 편지(帛書)를 황심과 옥천희로 하여금 북경 주교에게 전달하려 했다가 발각된 것이다.

백서의 내용은 대략 다음과 같다.

　㉠ 서양제국의 동정을 얻어 성교(聖敎:천주교)를 받들어 나가고 백성들의 구제에 필요한 자금을 요구.
　㉡ 청 나라 황제의 동의를 얻어 서양인 신부를 보낼 것.
　㉢ 조선을 청에 부속시키고 친왕(親王)에게 명하여 조선국을 감독케 할 것.

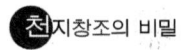

ⓒ 전쟁을 모르는 조선에 배 수백 척과 강한 병사 5,6만으로 서양 전교대(傳敎隊)를 조직하여 와서 선교사의 선교를 쉽도록 할 것 등이다.

이 얼마나 놀라운 사실인가! **예수교인들에게는 국가와 민족보다는 하나님을 전도하는 것이 더 중요하다는 것이** 입증된 셈이다. 외국인에게 자기 나라를 쳐들어오라는 것은 **이완용보다 더 큰 매국행위가 아닐까?**

-넷째-

서구에서 일어난 중세의 크고 작은 전쟁이 거의 예수교로 인한 종교전쟁이다. 16세기 후반경 전 유럽을 무대로 전개된 무력전쟁이다. 십자군 전쟁, 청교도 전쟁, 100년 전쟁, 위그노 전쟁, 네덜란드 전쟁, 30년 전쟁 등은 말할 것도 없고 근자에 일어난 아일랜드 사태 및 중동전쟁 세계 1차 대전, 2차 대전이 기독교 국가에서 발생했음은 모두 종교전쟁이라고 볼 수 있고 미국의 911 쌍둥이 빌딩 테러와 최근 일어난 **이라크 전쟁은 모두가 기독교와 회교의 전쟁인 것이다.**

교인들과 목사들은 성경은 일점일획도 틀림없다고 말한다. 그러면서 하나님을 믿으면 천당 가고 복 받으며 믿지 않으면 지옥 간다고 겁을 주고 있다. 평화가 지옥인가 전쟁이 지옥인가?

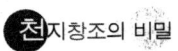

세계의 모든 전쟁이 왜 하나님을 믿는 국가에서 일어나고 있을까? 더구나 **하나님의 백성이며 성민(聖民)**이라고 자처하며 자부하는 사람들이 살인을 능사로 하는 이유는 무엇일까? 바로 **성경에 나오는 하나님(UFO)의 잔악성에 대한 두려움** 때문인 것이다.

- 100년 전쟁(1337~1453) 영국과 프랑스간의 전쟁, 잔다르크의 분기에 힘입어 프랑스의 승리도 종전됨, 잔다르크는 13세때 프랑스를 구하라는 **하나님의 계시를** 받고 출전 오를레앙을 해방하여 샤를 7세의 왕위 계승을 실현 시켰다. 1430년 콤폐뉴의 전투에서 영국군 포로가 되어 1431년 **이단자(異端者)**의 누명을 쓰고 **화형(火刑)**에 처해졌다.

- 십자군 전쟁 - 유럽의 예수교도가 성지 예루살렘을 이스람교도의 손에서 탈환하기 위하여 11세기말부터 13세기 후반까지 전후 8회에 걸쳐 행한 원정(遠征)이다.

- 청교도 전쟁 - 1640~1660년에 청교도 중심으로 일어난 영국의 시민혁명, **신교(新敎)와 구교(舊敎)의 싸움**, 크롬웰의 영도 하에 철기대(鐵騎隊)를 편제하여 시민, 자작농민 중심인 의회파가 승리, 항해조례발포(航海條例發布)가 원인이 되어 제 1차 **잉글랜드 네덜란드 전쟁**이 발발했다.

- 위그노 전쟁 - 프랑스의 캘빈파 **신도(위그노)와 구교도(舊敎徒)**간에 일어난 예수교끼리의 전쟁. 1562년 구교도(천주교)의 우두머리 기즈공이 신교도(기독교) 학살(바시의 학살)

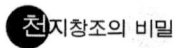

의 결과로 시작하여 1598년 앙리 4세의 낭트 칙령으로 정지되기까지 신·구 양파가 무력으로 대결하였는데 이 동안 앙리 3세가 암살되고 브르봉왕조가 성립되었다.

• 네덜란드 전쟁 - 1672~1678년 루이 14세의 침략전쟁 네덜란드의 빌렘 3세가 독일제국, 스페인등과 동맹 응전하여 루이는 목적을 이루지 못한 종교 전쟁.

• 30년 전쟁 - 1618~1648년 독일을 무대로 해서 일어난 유럽 여러 나라 사이의 종교, 정치 전쟁 아우구스부르크의 종교회의 이후에도 **신·구 양 교도의 대립**은 계속되어 구교도파인 보히미아왕 페르디난트에 대한 신교도 주민의 반란이 계기가 되었다. 구교도파에는 스페인이 신교도파에는 스웨덴, 덴마아크, 프랑스가 가세해서 출병했다. 구교도파에서는 발레스타인, 신교도파에서는 크리스티안 4세와 쿠스타포. 아돌프 등이 활약했다. 전쟁이 진행됨에 따라 당초의 종교전쟁으로서의 성격은 차차 엷어지고 정치성이 짙어졌다.

이상은 기독교와 천주교 즉 같은 종교끼리 새 것이냐 헌 것이냐를 놓고 싸우는 것이다. **인간이란 죄를 뉘우치기보다는 변명하기에 바쁘고 말도 안 되는 것을 합리화하기에 바쁘다. 그리고 그것을 버리지 못하고 꼭 움켜쥐고 괴로워하고 있다.**

오물이 옷에 묻어 빨아도 입을 수 없으면 버려야 하는 것인데 버리지 않고 그 오물이 가득한 옷을 남에게 입히려고

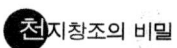

드는 것이 신앙의 생태이다. 마지막 다섯 번째 사회와 가정에 끼친 몇 가지 사례만을 부득이 소개하는 바이다.

-다섯째-

꼭 기독교의 모순과 치부를 들추려고 하는 의도는 아니다. 내 자신도 한때는 기독교를 신앙해왔던 사람이다. 그래서 성경이 그 무엇보다도 과학적이고 합리적이며 논리적이고 윤리적이기를 내심깊이 바랐던 사람이다. 그렇지만 그렇지 않았다. 교리의 부적합함이 사회에 끼치는 영향은 참으로 지대한 것이기에 빙산의 일각이지만 실제 있었던 사실을 그대로 소개하는 것뿐이다.

신문기사를 그대로 게재하겠다.

사교(邪敎)시비로 일가족 5명 자살
- 1969년 10월 9일 동아일보
- 어머니와 네 남매 아버지 비난에 반발 -

8일 밤 9시 40분께 서울 영등포구 양평동 1가 31. 화공약품상인 朴昌信씨(51)의 부인 金洪善(45)씨와 장녀 相姬(25. **D여대 졸**) 차녀 相淑(23. **J 여고 졸**) 3녀 相浩(20.**建大家庭科 1년**) 장남 相一군(17. **龍山高 1년**)등 일가족 5명이 안방에서 농약을 마시고 집단 자살했다.

- "극약을 먹어도 죽지 않는다"고 입증하려다 -

이들은 감리교 신자인 朴씨가 자기들이 믿는 기독교 개혁장로회를 사교라고 주장, 교회에 나가지 말라고 꾸중하는데 반발 「우리 교는 극약을 먹어도 죽지 않는다.」는 것을 증명

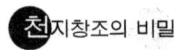

하기 위해 극약을 먹었다. 박씨에 의하면 6년전 까지만 해도 朴씨를 따라 감리교회를 다녔던 아들은 4년전 차녀 相淑양이 기독교 개혁 장로회를 믿게 되면서 朴씨를 제외한 전 가족이 이교를 믿기 시작, 박씨가 수차 만류했으나 그때마다 「아버지가 하나님께 죄를 짓고 있다고」오히려 감리교를 이교시 해 왔다는 것.

　이들은 이 날밤 「아버지 보십시오」라는 제목으로 **「아버지께서 사교에 미쳤다고 하시는 저희들은 지금 약을 마셨습니다. 의심이 되면 컵에 묻은 약 한 방울을 개에게 먹여 보십시오. 이래도 저희가 사교에 미쳤다고 하시겠습니까」**라는 쪽지를 써 놓고 유리컵 3잔에 약을 타 마셨다. 대한 기독교 개혁 장로회 양학식(梁鶴湜) 목사님은 경찰의 소환 신문(訊問)에서 **마가복음 16장 18절에 무슨 독(毒)을 마실지라도 해를 받지 아니한다.** 라는 구절이 있으므로 인용한 적이 있습니다. 라고 답변했다.

　이상은 고학력 자들이 그것도 최고학부를 나왔다는 대졸자(大卒者)가 사리 분별도 못하고 독약을 먹는 다는 것은 사회의 큰 병폐가 아닐 수 없다.

　그 이외에 **휴거 사건, 부모 살해 사건, 자식을 죽이는 사건 등** 부지기수이다. 예전에 이것들을 모두 밝혔더니 아무것도 모르는 사람들이 오히려 타종교를 비방한다고 나를 힐책하는 것이다. 그래서 극히 일부만 소개한 것이다.

　일점일획도 틀리지 않는다는 성경의 하나님 말씀과 목사님 말이 사실이라면 이들은 3일만에 부활하여 다시 살아

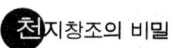

났을까?
> 요한복음 11장 25,26절
> "예수께서 가라사대 나는 부활이요 생명이니 나를 믿는 자는 죽어도 살겠고 무릇 살아서 나를 믿는 자는 영원히 죽지 아니하리니."

이 말씀이 사실이었으면 좋겠다.

어떻든 신앙으로 인하여 가정이 파탄된다든가 사회가 혼란스러우면 그 신앙은 복음보다는 죄가 더 많은 것이며, 아예 없어지는 것이 인류를 위하여 좋은 현상이다.

처음 기독교를 믿어 가정이 혼란스럽고 우환이 겹치면 하나님이 믿음을 시험하는 것이란다. 하나님이 미쳤나 인간을 시험하게...!

다섯 번째의 사회적 병폐를 나열하자면 한 권의 책으로는 부족하기 때문에 식상(食傷)하기 전에 여기서 그만두자.

노사문제와 운동권

정말로 한심한 일이 있다. 월수입 3백에서 1,000만원을 받는 사람들이 노조를 하고 월수입 50만에서 7~80만원을 받는 중소기업의 근로자들은 킥 소리도 못하고 진땀을 빼며 일을 한다. 오죽하면 대기업의 노조원을 노동귀족이라고 까지 비아냥대겠는가!

한국의 노조는 상상을 초월한 것만은 틀림없다. 이 상상

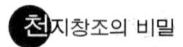

을 초월한 비정상적인 노조의 모태(母胎)가 바로 기독교에서 시작되었기 때문이다. 남미의 아르헨티나 브라질 칠레 같은 나라들! 특히 아르헨티나는 1800년대에 지하철이 있을만치 세계에서 손꼽히는 최강 부국(富國)이었다.

그런데 해방신학이라는 요상한 기독교의 단체들이 노조를 주동해서 경제가 파탄이 나서 지금은 남미 전체가 어려운 것이다.

우리나라에는 1970년대 해방신학의 후신인 도시산업선교회라는 것이 근로자들을 선동하여 노조를 이끌고 걸핏하면 파업을 주도하기에 이르렀고 그 결과 기업이 도산되는 일이 많았다.

교원노조라는 것도 웃기는 이야기이다. 선생들이 학생이나 가르치며 학문이나 연구하면 되는 것이지 무슨 노조를 한다는 말인가? **이 교원노조의 모체와 발기의 시작이 YMCA 교사연합회에서 시작된 것이다.** YMCA는 말할 것도 없이 기독교 단체이다. 노동운동 자체의 문제보다는 기독교적인 사상이 깔려 있는 비합리적 비논리적 배타성이 문제인 것이다.

혹자는 왜 기독교의 부정적인 측면만 꼬집어 이야기하느냐 학교도 세우고 병원도 세우고 사회에 봉사활동을 많이 하지 않느냐는 것이다.

얼른 듣기에는 그럴듯하다. 그러나 학교를 세우 것은 그

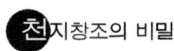

들의 선교활동의 장으로 종교의 자유를 없앤 것이요, 병원도 역시 같은 맥락으로 치부의 장으로 활용된 것이다.

일제시대에 교인들은 모두 항일운동을 한 것으로 독립투사로 민주열사로 알려졌으나, 잘 관찰해보면 그들이 항일 운동의 일환으로 신사(神社)참배를 거부한 것을 들 수 있다. 그들이 신사참배를 거부한 것은 독립운동의 차원이 아니라 우상숭배를 할 수 없다는 차원이다.

자신의 조상제사도 받들지 않는 사람들이. 자신의 조상인 단군 할아버지의 목을 베는 그들이 독립적인 차원에서 신사참배를 거부한 것이라고 볼 수 있을까?

이념전쟁, 이데올로기 전쟁 등이 미신적 신앙에서 비롯된 것이며, 지구상의 공산주의도 기독교(천주교)에서 발생된 것이다. 신앙의 썩은 모습과 신(神)의 불평등을 체험한 사람들이 신을 부정하고 유물론적 사고로 공산주의가 생긴 것이다.

> 똥통에 오래 빠져 있으면
> 구린내를 못 맡는다.

46 예수의 부활

예수의 부활 내용은 4대 복음서인 마태, 마가, 누가, 요한 복음에 기록되어 있다.

마태복음 28장 1-4절
1. 안식일이 다하여 가고 안식 후 첫날이 되려는 미명(未明)에 막달라 마리아와 다른 마리아가 무덤을 보려고 있더니
2. 큰 지진이 나며 주(主)의 **천사가 하늘로서 내려와 돌을 굴려 내고 그 위에 앉았는데** 3. **그 형상이 번개같고 그 옷은 눈 같이 희거늘** 4. 수직(守直)하던 자들이 저를 무서워하여 떨며 죽은 사람과 같이 되었더라.

이상은 예수가 죽어 무덤에 갇혔을 때 하늘에서 천사가

지창조의 비밀

내려오는 것을 두 명의 마리아가 보았던 것을 이야기하는 것이다.

 천사나 하나님은 보이지 않는 신령스러운 어떤 기운(氣運)이나 영적(靈的)인 것이 아니라, 모양을 드러내고 움직이며 죽이기도 하는 무서운 하나님인 것이다.

 에스겔이나 모세 이사야 다니엘 등이 보아온 **하나님은 항상 폭풍과 큰 구름과 번개 등 굉음을 내며 나타난다.** 즉 UFO이다. 여기 마태복음에서도 예외는 아니다.

 영적(靈的)으로 하나님의 신통력으로 부활을 시킨다면 굳이 돌을 굴려낼 필요도 없는 것이며, 형체가 보이지 않는 천사라면 무덤 위에 앉을 필요도 없다. 번개같고 눈같이 흰옷을 입고 하늘에서 내려 올 때 지진이 난다는 것은 무엇을 의미하는가?

 무덤을 지키던 수직하던 사람이 무서워 떨며 죽은 사람과 같이 되었다는 것은 무엇인지(UFO) 보고 놀라여 기절했다는 이야기가 아니겠는가?

마가복음 16장 1-6절
1. 안식일이 지나매 막달라 마리아와 야고보의 어머니 마리아와 또 살로메가 가서 예수께 바르기 위하여 향품을 사다 두었다가 2. 안식후 첫날 매우 일찍이 해돋은 때에 그 무덤으로 가며 3. 서로 말하되 누가 우리를 위하여 무덤 문에서 돌를 굴려 주리요 하더니 4. 눈을 들어 본 즉 돌이 벌써 굴려졌으니 **그 돌이 심히 크더라** 5. 무덤에 들어가서 **흰 옷**

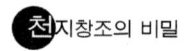천지창조의 비밀

입은 한 청년이 우편에 앉은 것을 보고 놀라매 6. **청년이 이르되** 놀라지 말라 너희가 십자가에 못 박히신 나사렛 예수를 찾는구나 그가 살아나셨고 여기 계시지 아니하니라 보라 그를 두었던 곳이니라. 19. 주 예수께서 말씀을 마치신 후에 하늘로 올리우사 **하나님 우편에 앉으시니라.**

성경의 내용을 모두 써서 해설하려면 독자들이 지루함을 느껴 읽지 않는 경우가 많아 기록은 생략하고 해설을 중점적으로 하겠다.

마태복음에서는 **흰옷 입은 천사가** 하늘에서 돌을 굴렸고 마가 복음에서는 **흰옷 입은 청년이** 무덤에 있었다. 그러면 청년이나 천사는 동일인물이라는 결론이다. 더구나 마가복음 16장 19절에 예수께서 하늘로 올려져서 하나님 **오른쪽에 앉았다는** 것은 무형(無形)의 하나님을 말하는 것이 아니고 육안으로 볼 수 있으므로 예수께서 하나님 옆에 앉아있는 것을 볼 수 있다는 것이다. 이쯤 되면 예수의 부활이 무엇인지 알아야 할 것이다.

누가복음 24장 1-6절
1. 안식후 첫날 새벽에 이 여자들이 그 예비한 향품을 가지고 무덤에 가서 2. 돌이 무덤에서 굴려 옮기운 것을 보고 3. 들어가니 주 예수의 시체가 뵈지 아니하더라 4. 이를 인하여 근심할 때에 **문득 찬란한 흰 옷을 입은 두사람이 곁에** 섰는지라 5. 여자들이 두려워 얼굴을 땅에 대니 두 사람이 이르되 어찌하여 산 자를 죽은 자 가운데서 찾느냐. 6. 여기

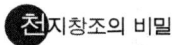 천지창조의 비밀

계시지 않고 살아나셨느니라 갈릴리에 계실 때에 너희에게 어떻게 말씀하신 것을 기억하라.

로켓을 타고 하늘을 날으는 예수의 부활모습

요한 복음 20장 1-13절
1. 안식후 첫날 이른 아침 아직 어두울 때에 막달라 마리아가 무덤에 와서 돌이 무덤에서 옮겨간 것을 보고 2. 시몬 베드로와 예수의 사랑하시던 그 다른 제자에게 달려가서 말

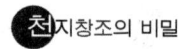지창조의 비밀

하되 사람이 주를 무덤에서 가져다가 어디에 두었는지 우리가 알지 못하겠다 하니 3. 베드로와 그 다른 제자가 나가서 무덤으로 갈새 4. 둘이 같이 달음질하더니 그 다른 제자가 베드로 보다 더 빨리 달아나서 먼저 무덤에 이르러 5 구부려 **세마포 놓인 것**을 보았으나 들어가지는 아니하였더니 6. 시몬 베드로도 따라와서 무덤에 들어가 보니 세마포가 놓였고 7. 또 머리에 썼던 수건은 **세마포**와 함께 놓이지 않고 **딴 곳에 개켜 있더라** 8. 그때에야 무덤에 먼저 왔던 그 다른 제자도 들어가 보고 믿더라 9. 저희는 성경에 그가 죽은 자 가운데서 다시 살아나야 하리라 하신 말씀을 아직 알지 못하더라 10. 이에 두 제자가 자기 집으로 돌아가니라 11. 마리아는 무덤 밖에 서서 울고 있더니 울면서 구부려 무덤 속을 들여다보니 12. **흰 옷 입은 두 천사가 예수의 시체 뉘었던 곳에 하나는 머리 편에 하나는 발 편에 앉았더라.** 13. **천사들이** 가로되 여자여 어찌하여 우느냐 가로되 내 주를 가져다가 어디 두었는지 내가 알지 못함이니이다.

4대 복음서의 내용이 비슷한 것 같으면서 사실은 내용상에 많은 차이를 보이고 있다. 예수의 무덤 속에서 천사, 청년, 두 사람, 두 천사 등으로 좀 다른 표현을 했지만 공통점이 있다면 **눈 같이 흰 옷**을 입었다는 것이다. 그러면서 예수의 시체가 없어진 것을 확인은 하면서 예수의 부활하는 장면을 본 사람은 아무도 없다.

천지창조의 비밀

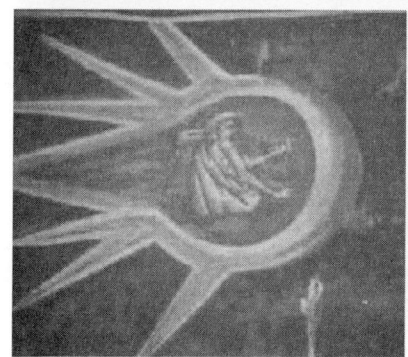 

두 그림은 위의 그림 1350년에 그려진 프레스코 화법의 "The Crucifixion(십자가 못박히는 사건)" 그림의 한 부분들이다. 이것들은 유고슬라비아의 Kosovo지역의 Visoki Decani Monesary제단에 놓여 있었다.
고대의 우주 비행사들은 그들의 우주선을 타고 하늘을 날 수 있었다.

  이 그림은 1300년대 그림으로 위에 있는 예수의 십자가에 매달린 양쪽 옆에 별이 날으는 모습이 보이는데, 이것을 확대한 것이 밑에 있는 두 그림이다. 별 안에 사람의 모습이 보이는 것은 우주선을 뜻하는 것이 확실하다.

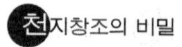

 또한 예수가 부활한 후에 다시 나타났을 때 예수를 알아보는 제자는 단 한 명도 없었다. 문제가 바로 이것이다. 예수가 다시 나타난 것은 몇 개월이나 몇 년이 아닌 며칠 후인 것이다. 며칠 후의 예수를 몰라본다면 의심을 하고 남을 일이 아닌가?

 4대 복음서가 예수 사후 50년후에 쓰여졌다는 것을 염두에 두고 읽으면, 복음서의 내용에 많은 허구가 있을 수 있는 것이다.

 부활이 인류에게 가져다 주는 의미는 무엇일까? 부활을 했으면 다시는 죽지 않는 것인지, 부활했다가 또 죽는다고 가정을 한다면 부활의 의미는 없는 것이다.

 부활로 인한 인류의 구원이나 깨달음 사회의 안녕과 질서 평화가 있는 구원의 실체가 뚜렷하게 나타나는 것이 아닌 이상 죽었다 살아난다는 것은 별 의미가 없는 것이다.

 어떻든 교인들의 말대로 예수는 부활했고 구세주라고 치자. 그러면 예수 이후에 교인들 중에 부활을 했다든지 구원을 받은 사람이 있으면 말해보라. 무엇이 부활이며 무엇이 구원인가? 전쟁과, 기아가, 독선과, 아집과 병마가 구원인가? 세계의 역사를 잘 보아라!

 사실 동서 고금을 통하여 죽었다가 다시 살아난 사람은 많이 있다.

 그것도 신화나 설화가 아닌 역사적 사실에 의한 것이다.

경북 울진에 불영사(佛影寺)라는 절이 있는데, 그곳에 환생전(還生殿)과 환희요(歡喜寮)라는 현판이 있다. 경상도 울진 부사로 부임한 이춘식(李春植)이라는 사람이 죽은 지 10일만에 불영사에서 다시 살아나서 환생전이라 하고, 죽었던 관리가 다시 살아나 기쁘게 쉬었다고 해서 환희료라 한 것이다. 이 현판도 중종 임금이 직접 써서 하사한 것이니 오히려 성경보다는 더욱 진실된 역사적 사실이 확실하다고 할 수있지 않은가?

중국의 **달마대사는 죽은 지 3년 만에 다시 살아나 짚신 한 짝을 들고 인도로 가는 것을** 중국의 사신(使臣)인 송인 등 일행이 목격하고 황제에게 사실을 고하고 무덤을 열어본 결과 **짚신 한 짝만 무덤 속에 있었다고 한다.** 그래서 사찰의 벽보에 보면 달마대사가 지팡이에 짚신을 어깨에 메고 가는 그림이 있다. 이것을 **달마척리상(達磨隻履相)**이라고 한다.

그러면 이 그림에 전해 내려오는 이야기는 전설이고 예수의 부활은 사실인가? 어떻든 3일만에 부활했다는 것보다는 10일 후에 다시 살아난 일이 더욱 신비한 것이며 죽은 지 3년 만에 무덤에서 나와 짚신을 들고 갔다면 어느 것이 더 신비하고 신통한 능력인가?

석가모니 부처는 죽은 지 **7일 만에** 관 밖으로 두 다리를 내밀어 보였다고 해서 **곽시쌍부(槨示雙趺)**라고 한다.

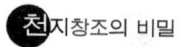 천지창조의 비밀

죽은 지 7일 후에 관 밖으로 두 다리를 내 보인 것은 죽은 것인가? 살은 것인가? 죽었다면 관 밖으로 다리를 내 보일 수 없을 것이요. 살았다면 움직이며 돌아다녀야 할 것이다.

그래서 **열반(涅槃)**이란 **비생비사(非生非死)**라고 **한다**. 살은 것도 아니며 죽은 것도 아니라는 뜻이다. 살았으면 반드시 죽게 되어 있고, 죽었다면 반드시 육신의 옷을 다시 입게 되어 있다. 즉 생사(生死)에는 윤회(輪廻)가 있다는 뜻이다.

죽어서 이 몸 이대로 다시 살아난다는 것은 별 의미가 없는 것이다. 더구나 **인간의 죄를 대신하여 죽었다든가 또는 다시 살아나 인간을 구원한다는 이야기는 미개한 사람들이나** 할 수 있는 이야기가 아니겠는가?

이제 삶과 죽음의 주인공은 각자 자기 자신이라는 것을 알아야 할 것이다.

청암 육신 보살상

이 사진은 중국 대만의 청암(淸嚴)스님의 육신(肉身)이다. 청암육신보살법상(淸嚴肉身菩薩法相)이라고 한다.

청암스님은 열반(임종)하기 전에 제자들에게 말하였다. 내가 죽으면 화장하지 말고 항아리에 넣어 땅속에 묻어라. 그리고 6년 후에 꺼내라고 하였다. 6년 후에 꺼내 보니 시신의 모습이 살아 있는 모습 그대로 였으며 향내가 8Km까지 진동을 하고 상서로운 빛이 있었다고 한다.

피부의 탄력이나 색깔이 조금도 변함이 없는 것은 불가

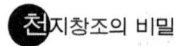

사의한 일이다. 육신(肉身) 위에 그대로 금(金)을 입혀 모셔 놓은 것이다. 이런 분이 대만에만 세분이 계신다.

송나라 때 **등운봉선사**는 멋있게 죽는 것이 무엇이 있느냐고 농담으로 제자들에게 말했다. 어떤 사람은 **앉아 죽고** 어떤 사람은 **서서 죽고** 어떤 사람은 **한 발로 서서 죽고**, 어떤 사람은 길을 가다가 서서 **한 손은 하늘을 가리키고 한 손은 땅을 가리키며** 죽었다고 하니까, 그러면 나도 한번 멋있게 죽어 보지하고 사람들을 모이게 한 다음 거꾸로 **물구나무서서 죽었다.** 여러 사람이 장사를 지내려고 물구나무선 시신을 아무리 쓰러트리려고 하여도 꼼작도 않는 것이다.

이 소문을 들은 등운봉선사의 여동생인 비구니가 찾아와 스님은 살아서도 괴팍만 떨더니 죽어서도 괴팍을 떨어요 하고 야단을 하니까 시신이 저절로 땅에 뉘어져서 화장을 했다.

도인(道人)의 생사(生死)란 본래 오고 감이 없어 자유로운데 무엇하러 다시 살아난다고 야단인가?

>물(水) 속에서 화염이 일어나니
>화염속에 눈보라가 내리 도다.
>눈보라 녹으니 삼천대천세계
>그대로 광명이로다.

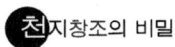 천지창조의 비밀

오고감이 그대로 멈추니
온 우주가 그대로 공(空).
속과 겉과 안과 밖이 없어
영원도 순간도 없네
오직 하나의 ○상(相).

부처님이 화를 냈다고 하면
세상 망하는 일이요
하나님이 화를 냈다고 하더라도
세상 망하는 일이다.
그런데 여호와 하나님은 화보다 더
무서운 진노(震怒)를 한다.

47 종교를 선택하는 방법과 기준

◈ 첫째, 논리적이고 합리적인 방법으로의 접근
1. 하느님이나 부처님이 화냈다는 이야기를 들어 보았는가?
2. 선신(善神)이 화낸다는 이야기를 들어 보았는가?
3. 하나님은 절대적인 신이라 화를 내도 되는가?
4. 부처님이나 하느님은 마음의 눈으로 보는 것이지 육안(肉眼)으로 보는 것이 아니다. 그런데 성경에는 여러 사람이 여호와 하나님을 직접 만나 이야기도 한다. 여호와 하나님은 질투하고 부르르 떠는 화를 내고 죽이는 일을 직접 하는데 옳은 것인가?
5. 선신(善神)은 사람을 벌주지 않는다 그런데 성경에서 여호와 하나님은 무수히 많은 사람들을 벌주고 멸절

(滅絶: 씨를 말린다.)시킨다.
6. 진정한 부처님이나 하느님은 나를 믿으라고 강요하지 않는다. 그런데 기독교 성경의 여호와 하나님은 질투를 하며 오직 나만을 믿으라고 한다.

◈ 둘째, 보편 타당한 이야기여야 한다.
1. 처녀가 아이를 낳았다는 이야기가 보편 타당한가?
2. 인류의 죄를 한 사람이 대신하여 받을 수 있는가?
3. 죽은 사람이 다시 살아났다는 이야기는, 혹 죽었다 다시 살아나는 사람이 있더라도 결국에는 죽는 것이기에 부활의 의미가 있는가?

◈ 셋째, 과학적 이여야 한다.
1. 종교는 과학으로 해명하거나 증명할 수 없다고 하는 것은 궤변이며 엉터리이다.
2. 참다운 종교는 지극히 과학적이며 과학이 발달하면 발달할수록 너무나 과학적이라 감탄사가 절로 나온다.
3. 이미 과학적으로 밝혀진 사실이 허위일 때는 종교로서 가치를 잃는 것이다.
4. 과학은 수(數)와 물리학과 천문학이다. 천문학적으로 엉터리일 때는 이미 미신이다.
5. 지구가 공전과 자전을 하는데 태양이 지구를 돈다고 하면 이것은 이미 미신이 되는 것이다.
6. 종교의 진리는 이해 못하거나 어려운 것이 아니다. 해석을 못한다고 심오하거나 난해한 것이 아니다. 과학적으로 무엇이든 해석이 가능한 것이다.

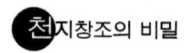

   7. 심오하여 해석을 못한다면 우리에게는 필요 없는 것이다.

◈ 윤리 도덕적이여야 한다.
   1. 가장 큰 윤리는 생명의 존중이다. 종교는 어떠한 이유에서든 죽이는 일이 있어서는 안 된다.
   2. 남의 재물을 훔치고 노략하는 일이 있어서는 안 된다.
   3. 남의 여자를 강탈하는 일이 있어서는 안 된다.
   4. 거짓말이나 욕설로 남에게 피해를 주어도 안 된다.

◈ 철학적이여야 한다.
   1. 이치가 맞아야하며 사리가 밝아야 한다. 심층심리(心理)를 다루어야한다.

 성경은 위에 나열한 여러 가지 조건에 몇 가지나 부합되는지 성경 첫 구절인 창세기의 내용부터 읽으며 관찰하여 보자.
 무론시비(無論是非)하고 선악양상망(善惡兩相忘)하라는 이야기가 있다. 진리의 진면목은 옳고 그름을 론하지 않고 선과 악을 모두 잊는다는 이야기이다. **인간은 자기자신의 잣대에 옳고 그름이 있고 선과 악이 있는 것이지 절대의 진리에 무슨 선악과 시비분별이 있겠는가?** 미개(未開)하면 시비와 분별과 망상이 많은 것이다.

끝맺는 글

　선행(善行)을 하는데 있어서 참으로 대단한 용기가 필요하다. 인간은 누구나 선행을 하고 싶어한다. 설사 악한 사람이라도 선하게 살고 싶고 남에게 인정받는 착한 일을 하고 싶어한다.
　그러나 이렇게 하고 싶은 것을 왜 못할까? 바로 용기의 부족이다.
　선행에는 용기(勇氣)가 필요하고
　악행에는 욕기(慾氣)가 필요하다.
　그러나 **진리를 가르치는데는 더 큰 용기가 필요한 것이다.**
　진리를 왜곡하는 것이야말로 정신 나간 만행인 것이다. 참으로 미친 욕기이다. 남의 밥에다 재 뿌리는 격으로 스님에게 교회에 나와 하나님을 믿고 구원받으라고 열내는 사람들이 있다.

 그래도 스님들은 묵묵히 듣고 있다가 당신이나 천당 가시오, 나는 지옥에나 가렵니다 하고 자리를 피하지만, 만약에 목사에게 부처님 믿으라고 한다면 목사는 무엇이라고 할 것인가?

 대한민국의 스님이라면 목사나 교인으로부터 하나님과 예수를 믿어 구원받고 천당 가라는 소리를 여러 차례 들었을 것이다. 절에서 수행하는 스님에게 예수 믿고 구원받으라고 할 지경인데, 일반인들에게는 오죽하겠는가? 믿지 않으면 지옥 간다는 엄포와 공갈도 대단하다.

 이 책은 기독교를 폄하하자는 목적보다는 타종교의 보호와 방어 차원에서 써졌고 무엇보다도 진리를 바로 깨우쳐 주며, 민족의 정기를 바로 세우는데도 그 뜻이 깊다.

 매일 먹는 밥그릇에 독약을 탄다면 정말로 미친 짓거리며 살인 행위이지만, 독약이 든 남의 밥그릇을 깨어버리는 일은 대단한 용기이다. 독약이 든 줄 모르는 사람의 밥그릇을 깬다면 독약이 든 줄 모르는 밥 그릇 주인은 밥그릇을 깬 사람이 생명의 은인인데도 불구하고 생명의 은인인줄 모르고 화을 내며 죽이겠다고 달려 들것이다.

 혼자서 독약을 마시건 똥을 된장이라고 퍼먹든 관계야 없겠지만 남에게 독인지 똥인지도 모르고 먹으라고 강요하고 협박하고 먹지 않으면 지옥 간다고 공갈까지 친다면 참으로 대단한 욕기가 아니겠는가?

 공갈인지 협박인지 선교인지 선행인지는 몰라도 거기에 속아 들어 독인지 똥인지 모르고 먹고 마시게 되는 것이 인지상정(人之常情)인가 보다. 인간의 정은 간곡하면 넘어가게 된다. 청이 지나치면 협박과 공갈이 되는 수도 있어 그 말을 헤어나기가 어려운 것이다.

 신앙의 자유란 사유(思惟)의 자유이며, 생각의 자유이며, 사상의 자유이며, 믿지 않을 수 있는 지적인 자유인 것이지 믿음을 강요하는 것이 아니다. 더욱이 종교의 자유는 각자의 믿음을 존중하는 것이지, 믿으라고 권하는 것이 종교의 자유가 아니다. 믿음을 강요한다면 믿지 말라고 강요할 수도 있는 것이다. 믿지 말라고 계몽할 수 있을 정도의 지적(知的)인 자유야말로 진정한 의미에서 신앙의 틀을 벗어나는 대자유인 것이다.

 참다운 종교의 자유는 믿지 않는 자유인 것이다. 기독교의 경우는 믿을 권리보다는 믿지 않을 권리가 더 중요한 것이 아닌가. 독을 마시고 **영생한다는, 믿으면 천당 간다는 엉터리를 강요하지 않길 부탁한다.**

 나는 수행자로서 내 자신을 보호하기 위한 서술이다. 조용히 산새를 벗삼고 냇물 소리를 음률 삼아 마음에 흥겨워 공부하는 수행자에게 예수 믿고 구원받으라는 목회자의 무지를 일깨우려고 이 책을 쓴 것이다.

　제발 마음의 눈을 뜨기 바란다. 아무도 없는데서 독을 혼자 마시고 똥을 먹는다고 누가 방해할 것인가? 제발 남에게 권하지랑 마라.

　성경에 나오는 엉터리 이야기를 하나님이라고 우기고, 예수는 하나님의 아들이기 때문에 신(神)이고 석가모니는 사람의 아들이라 인간이란다. 신이면 어떻고 인간이면 어떠한가? 신(神)도 사악하면 마귀요 사람도 영명(靈明)하면 신(神)보다 나은 것이다.

　현대인의 눈으로 본다면 성경은 옛날의 미개한 시대에 미개인이 고도의 문명을 보고 제풀에 놀라여 제 마음대로 써 놓은 글을 모아 놓은 것이다. 물론 미개한 그 시대에 그 때의 지식인들이 써 놓은 것이기는 하지만 거기에 나오는 글을 100% 믿고 과학이 증명하는 것을 믿지 못한다면 참으로 인간의 크나큰 어리석음이 아니라고 할 수 없다.

　내 마음이 하나님이라고 한다고 누가 무엇이라고 할 것인가? 내 자신이 하나님이 아니라는 근거도 없고 하나님이라는 근거도 없는 것이다. 어리석은 사람에게 세뇌시키면 무엇이든지 되는 것이다.

　이 책을 읽고 이 책의 내용이 옳은데 널리 전하지 않는 사람이 있다면 이 시대를 사는 비열한 사람이며 이 책을 읽고 이 책이 잘못되었는데 지적을 않는다면 인간의 영혼을 말살할 수 있는 과오가 있는 것이다.

※ 21세기 새로운 르네상스의 계기가 되길 바란다.

    낙동강 뚝방을 거닐 때
    산넘고 산넘어 저 멀리
    금오산 사람의 얼굴
    흰구름 산등성을 넘고
    어디로 가는 철새인지
    하늘을 가르는 모습이
    멀기만 하구나
    석양의 노을은
    황금빛 찬연히 넘실한 데
    아름다운들 무슨 소용이 있겠는가

복덕(福德)은 받는 것이 아니라 짓는 것.
진리를 전파하는 복덕은 무량하다.
정(正)과 사(邪)를 올바로 알려주는 것이 진리의 전파이다.

지금 이 시점에 절 짓는
공덕과 교회 짓는 하나님의 은총과
이 책을 보급시키는 일중에
어느 쪽이 공덕과 은총이 크겠습니까?
마음의 눈을 뜨게하는 쪽이 크지 않을까요?
민족의 장래와 인류의 미래가 달린 일입니다.
많은 후원 바랍니다.

**지구상에 종교전쟁은 없었다.
기독교의 미신전쟁만 있었을 뿐...**